施肇基・原著
蔡登山・主編

民國首任駐美大使

施肇基早年回憶錄

導讀　施肇基和他的早年回憶錄

蔡登山

施肇基是康奈爾大學的第一位中國留學生，同時又是第一位獲得碩士學位的中國學生，從政之後，又成為中國第一任美國大使，一生三個第一，足見其人生之傳奇。

施肇基（一八七七－一九五八），字植之，浙江錢塘人，中華民國著名外交家，歷任中華民國駐美、英大使，聯合國中華民國代表團高級顧問，世界銀行創建人之一。

施肇基先求學於南京，九歲入江寧府立同文館學習英語一年後因患腳氣病輟學，一八八七年轉入上海聖約翰大學學習。一八九三年，隨同中國駐美國公使楊儒赴美，任駐美使館翻譯生，入華盛頓市立中心中學學習。一八九七年，伍廷芳代楊儒為駐美公使，施肇基升任隨員，旋辭職入康奈爾大學學習。一八九九年，楊儒出任駐俄羅斯公使，調施肇基以參贊身分隨同赴荷蘭海牙出席國際和平會議。其後，施肇基返美繼續學業。一九〇二年獲康奈爾大學獲文學碩士學位後回國，入湖廣總督張之洞幕。

一九〇五年九月，隨同端方、戴鴻慈出使各國考察憲政，回國後被保舉為道員。之後歷任郵傳部、吉林省、外務部各職。辛亥革命爆發後，清駐美公使張蔭棠辭職，施肇基被任命為駐美、西班牙和秘魯公使，未及赴任，清廷已垮台。

一九一二年三月，施肇基入唐紹儀內閣，任交通及財政總長，不久因病辭職。一九一四年至一九二〇年任駐英國全權公使，其中並與外交總長陸徵祥、顧維鈞（駐美）、王正廷（廣州政府代表）、魏宸組（駐比）等人及秘書朱佛定組成中國代表團出席一九一九年巴黎和會。會後，中國代表團拒絕在出賣山東的和約上簽字。一九二一年至一九二九年，轉任駐美國全權公使，並以首席代表身分率領顧維鈞、王寵惠為全權代表，余日章、蔣夢麟為國民代表，朱佛定為秘書的中國代表團出席華盛頓會議。之後至一九二九年，除了曾於一九二三年短暫（一月署理，四月辭職）回國任張紹曾內閣外交總長之外，一直擔任中國駐美最高使節。一九二九年至一九三二年，再次任駐英全權公使，並任駐國際聯盟中國全權代表兼國聯理事會中國全權代表。一九三三年至一九三五年再任駐美公使，一九三五年兩國外交關係升格後至一九三七年任駐美大使。一九三七年辭職回國，不久抗日戰爭爆發，隱居上海。一九四一年赴美，任中國物資供應委員會副主任委員。一九四五年六月，任出席舊金山會議中國代表團高等顧問。一九五四年，因腦溢血逐漸淡出外交舞台。一九五八年一月四日病逝於華盛頓哥倫比亞特區，享年八十一歲。

《施肇基早年回憶錄》是施肇基口述，傅安明筆錄的口述史。從其出生談到一九一四年為止，也就是說記錄只到他三十七歲為止，因此稱為早年回憶錄。雖說是不完整但卻保留了相當多的史料，這也是胡適先生在序中一再提到的。尤其是他提到在哈爾濱任濱江關道時期，牽涉到中蘇之間的外交關係，相當重要。

一九〇七年施肇基出任京漢鐵路督辦，在任上，被調任濱江關道的。委派這樣一位人才到開埠不久的哈爾濱出任道台，與其說朝廷對邊城的重視，不如說清廷對哈爾濱乃至極北邊疆形勢的憂慮。其時，與哈爾濱命運攸關的中東鐵路全線通車才五年，哈爾濱開埠設治不足三年。日俄戰爭硝煙未散，受戰爭刺激的各國列強紛紛插手東北事務，爭先湧入哈爾濱。沙俄於一九〇七年一月十四日在哈爾濱設立領事館，七天後，美國領事館便在哈爾濱掛牌；兩個月後，日本駐哈爾濱領事館開張；緊接著法國領事館在哈爾濱出現。此後，西班牙、德國等國家也相繼在哈爾濱開設領事館。哈爾濱陡然風緊雲急，成了列強角逐的新舞台。與此同時，由於日俄戰爭驅動，哈爾濱人口從一九〇三年的四萬四千餘人，猛增至一九〇五年的二十五萬人。其中，傅家甸人口達十五萬。偏偏此時，因沙俄戰敗，俄國在哈爾濱的勢力大大衰退，致使哈爾濱經濟蕭條，僅房租就下降了十一二十倍。更為糟糕的是，首任濱江道道台杜學瀛雖因在任時「頹靡自私，罔知政體」被朝廷革職，但其初創的關道衙門徇私舞弊之風盛行，辦事效能低下。施肇基走馬上任，面對內政外交上的種種難題，自然想從整頓關道衙門入手。他就此事向道台衙門掌文案的畢祖光先生求教，畢祖光建議：「道署之人，不必多換，『就生不如就熟』，只要長官不貪，下屬焉敢舞弊？」施肇基虛心採納此議，從自己做起力戒徇私舞弊，除本人應得的「薪俸公費之外，不納分文額外收入」。結果，他到任後，「未換舊人，而前弊俱去」。

按規定，濱江關道負有巡防吉林省西北一帶地方，兼管哈爾濱等處商埠以及關稅、刑名事務，下轄新城、雙城、賓州、五常四府和濱江、榆樹二廳及長壽、阿城二縣。事務繁雜程度及施肇基當時的心情，可從他的早年回憶中察知。他說，「余在（濱江關道）任二十六個月……經辦事務煩而且重，前任後任無一終局者」。偏偏他自己又是「一出洋學生，對國內情形隔膜」，如何不辜負國家委命，使自己擺脫在任「無終局」的命運，曾幾度困擾過施肇基。好在他畢竟受過良好的教育，經辦過大大小小的政務。在濱江關道處理本埠民事時，他一改前任專橫跋扈的作風，依靠道衙內畢祖光等屬員，發揮他們「思慮周詳，文筆圓到」的長處。由是關道政風為之一新。與此同時，施肇基集中精力以自己受過西方教育的優勢，經常拜訪各國駐哈爾濱的領事及中東路局，視察轄區的各處海關、商埠、處理錯綜複雜的涉外事務。他處理地方事務與外交的能力，很快征服了洋人。當時，「英國駐哈爾濱領事SIY嘗告同僚云：此間交涉事項宜多遷就施道台，使其久於其任，施道台若離任，其規模辦法必皆隨之俱去。因其方法甚新，同時中國官吏不能行其法也。」（《施肇基早年回憶錄》）洋人認識到施肇基執掌濱江關道的重要性，盡力維護他，這為施肇基處理涉外事宜提供了有利條件。當時，濱江關道最艱鉅的工作是處理轄區內沙俄侵犯中國主權的事。施肇基上任不久，即奉命與東三省總督代表到沙俄中東鐵路公司談判，收回松花江的航行管理權。松花江航行管理權問題，一直是清政府的棘手問題。一九〇〇年（清光緒二十六年）爆發「庚子事件」，俄軍乘機佔領東三省，同時藉機攫取了松花江航行管理權。中國政府多次指責沙俄侵犯中國主權的行為，都無效。一九〇八年五月，施肇基到任後，對前任未能完成的這項任務，進行了仔細的調查分析。在第一次與中東鐵路總辦霍爾瓦特的談判中，施肇基就援引國際法，明確提出了撤消俄國在哈爾濱成立的水利會，收回松花江航行管理權的主張。由於施肇基談判有理有據，深得東三省總督的欣賞。後來，總督將談判事宜全部委託施肇基。施肇基在第二輪談判時（一九〇八年十月），終於使沙俄低頭，同意撤消俄國在哈爾濱成立的水利會。十一月二十一日，施肇基代表中國政府接收了沙俄的水利會。在新的行船章程製訂前，中國方面製訂了《水利會暫行章程》，收回了松花江的航行管理權。接著，施肇基又於一九〇九年六月為抵制俄船獨占松花江航運的局面，他奏請獲准宣布松花江對各國開放，並在哈爾濱、三姓、拉哈蘇蘇設立海關，開徵關稅。

從有關史料看，施肇基在濱江關道任上遇到的最麻煩的事，是與清廷外務部一起反對沙俄在中東鐵路界內搞「自治」的陰謀。早在一九〇二年，沙皇在俄羅斯全境推行城市自治。其用心，是想以「自治」為名，分裂、吞併中國領土。面對這種事實，清政府直到一九〇九年三月，才派出外務部尚書兼會辦大臣梁效彥會同施肇基，與俄使廓索維茲，中東鐵路管理局局長霍爾瓦特等就在中東鐵路界內搞「自治」，設「公議會」的問題舉行談判。首次談判，無果而終。施肇基又設計利用美英與日俄的矛盾，抵製沙俄的哈爾濱「公議會」，未能奏效。結果，只能在同年五月舉行的又一次談判中，迫使沙俄在簽訂《東省鐵路界內公議會大綱》的文件裡寫明「承認中國主權」的條文，其它既成事實，都未能改變。在這期間，施肇基還參與處理了「烏泰借款案」。施肇基的對策打破了沙俄覬覦東蒙的美夢。當時在哈爾濱的美國人RogerS Greene（格林）曾耳聞目睹施肇基的政治作風和政績，他後來對胡適說：「那個時候（一九〇八－一九一〇）離日俄戰爭才不過幾年，中國官吏能在北滿洲建樹起一點好成績，為中國爭回不少的權利，是不容易的事，是值得留下一點永久的記錄的」。

清末貪污風氣普遍，舉國上下相習成風，賄賂公行不以為恥，覆亡主因即在於此，慶親王是著名的貪污大臣，民初筆記對他的貪黷，記載甚多。徐一士的《一士談薈》中〈林開謩〉（一八六二—一九三七，又名林開謩）一段最為淋漓：「長樂開謩，……任滿回京，旋以道員用簡署江西提學使。出京之前，例須往謁軍機大臣，接晤後始啟程，時慶王奕劻領袖樞垣，往謁三次未見。林語閽人：『各大臣均已謁晤，一見王爺，即可成行，究竟何時可以得見？』閽人乃微笑而告以尚有應納的門包（據聞凡三種名目，共銀七十二兩）。林指壁間所貼奕劻嚴禁收受門包之手諭曰：『王爺有話，吾何敢然。』閽人曰：『王爺的話不能不這麼說，林大人你這個錢也不能省！』正在此際，徐世昌（軍機大臣）來，林迎晤之。徐曰：『老世叔何尚未動身耶？』（徐丙戌會試房師支恆榮，為林父同治庚午典試江南所得士，故長稱林一輩。）林曰：『謁王爺三次猶未見也。』徐因囑其稍候而入，旋即傳請林氏入見，林乃得出京。」光見個面就要收紅包，那就更不用說賣官了。《一士談薈》接著說：「林在贛提學使任時，京中忽有人致書，索銀八千兩，謂當代圖補授此缺，且言此係優待，他人須兩萬也。林置之不理，未幾，林即奉旨開去署缺，以道員發交兩江總督張人駿委用。蓋慶王奕劻欲位置湯壽潛，示延攬名流，會有媒孽林氏者，因以是缺畀湯而罷休。……林與那桐（大學士軍機大臣）有世誼，夙相稔，交卸贛學篆到京時往謁。那桐謂：『君中暗箭矣』……」

而施肇基在《早年回憶錄》中亦有奕劻收紅包的記載云：「余得（外務部）右丞時，初次見慶王，送贄敬二千兩。門包雙份，各十六兩，一給男僕，一給女僕。（通常門包為三十二兩一份，時王府僕役人多而無薪給，皆賴此以維生。）此在當日，已為極薄之禮儀。此份贄金，余本不願送。唐少老（紹儀）告余，慶王開支甚大，老境艱難，內廷對之諸多需索，難以應付，余以送禮，在得缺之後，非同賄賂，且為數甚少，當時丞參上行走且有送至一萬兩者。余乃勉強為之。『贄敬』係以紅包先置於袖內，在臨行辭出之前，取出放於桌上，曰：『為王爺備賞』王爺則曰：『千萬不可』。然後辭出。此亦前清時代之陋規也。」

而稍小施肇基兩歲的外交官章宗祥（一八七九－一九六二）通過載振

（慶親王奕劻之子）夫人的關係，得到了奕劻的舉薦，而進入民政部當差，從此發跡。他說：「慶親王奕劻，原來是郡王，後來才封授親王；他在西太后時代執政最久，內與李蓮英勾通，外與袁世凱聯絡。袁之拉慶，是因為慶能在西太后面前說得上話，兩人對政治問題所表現的態度常是一致的。他微時曾教書度日，不是少爺出身。他貪財賣缺，視為常事，『上有好音，下必甚焉』，清末官場的賄賂公行，慶王是不能辭其咎的。所謂『做京官』的人，每天都是在徵逐飲食、奔走紅白酬應，從來沒有整天辦公的。奕劻以庸碌之身，居然佔據高位多年，後來安然退職，歿於天津，這與他膽小不敢結人怨，沒有借事殺人，所以不受報復有關。」

這些都是珍貴難得的史料，是治晚清民國的研究者的大好材料，因為它們不見得會存在正規的歷史文獻上，但由於都是口述者親歷之事，可信度就極高了。

胡適之先生序

一九二七年我在華盛頓第一次勸施植之先生寫自傳。那時他快滿五十歲了，他對我說，寫自傳還太早。以後二十多年之中，我曾屢次向他作同樣的勸告。到了晚年，他居然與傅安明先生合作，寫出他的「自定年譜」作自傳的綱領。又口述他的早年生活經驗，由安明記錄下來。安明整理出來的記錄，從施先生的兒童時期起，到一九一四年他第一次出任駐英國全權公使時為止，——就是這一本很有趣味而可惜不完全的自傳。

為什麼沒有全部完成呢？安明說：「施先生開始口述的時候，精力已漸衰了。到一九五四年秋天他大病之後；他的記憶力更衰退了，他的腦力已抓不住較大的題目了。所以這部自述的記錄只到一九一四年為止，沒有法子完成了。」

但是這本小冊子還是很可寶貴的。因為這是我們這一位很可愛敬的朋友最後留下來的一點點自述資料。如果沒有安明的合作，連這一點點記錄都不可得了。

植之先生活了八十歲，安明的記錄只到他三十七歲為止。這本記錄可以分作兩大段落：前一段是他在國內國外受教育的時期，後一段是他從美國回來之後在國內服務的時期（一九〇二至一九一四）。

植之先生敘述他在上海聖約翰書院的經驗，就是很有趣味的教育史料。「信教學生免費。非教徒繳納學費，最初每年八元，後增至十元，至余離校之時增為十二元。校方除供給食宿而外，每年另給小帽一頂，鞋子兩雙，青布長衫二件，棉襖一件。放學時並給銅錢百文為車費。書籍及醫藥費用亦由學校供給。」這種追記，和「卜舫濟先生留長辮，衣華服，矩步規行」一類的記載，都是史料。

植之先生十六歲時（一八九三）就跟隨出使「美日秘國」欽差大臣楊儒到華盛頓做翻譯學生。他在美國留學九年（一八九三—一九〇二）。他追記這九年的生活，比較最詳細。其中最有歷史趣味的是他敘述楊儒時代的駐美使館的內部情形。這種記載，現在已很難得了。

在這九年之中；他曾被駐俄的楊儒欽差邀去俄京聖彼得堡幫了一年（一八九九）的忙。並且曾隨楊儒到海牙出席「弭兵會議」。可惜他沒有把這一年的觀察和經驗講給安明記錄下來。前幾天夏晉麟先生邀我午餐，我說起我正在看安明記錄的施植之先生的早年自傳，夏先生的第一句話就問：「有沒有他在聖彼得堡和海牙的記錄？」我說：「可惜沒有。」夏先生和在座的幾位朋友都很感覺失望。

植之先生一九〇二年在康乃爾大學得文學碩士學位之後，他就回國了。那時他二十五歲。此後他的生活共有三個時代：從一九〇二到一九一四年，這十二三年他在國內服務。從一九一四到一九三七年，這二十多年他在國外擔負外交的重要任務。一九三七年以後是他退休的時期，雖然他還替國家做了不少的事。

我們現在所有的記錄，除了他的教育歷程之外「只有他在國內服務的十二三年的追憶。這十三年的記錄裡，最精采的只有三大段：第一段是他在武昌張之洞幕府裡的經驗。第二段是他做京漢鐵道總辦時期的改革。第三段是他在哈爾濱做濱江關道的二十六個月的改革。

在這三大段裡，植先生特別敘述一位畢光祖先生的為人，特別記載這位畢先生給了他很多的指導和幫助。植之先生說。「南皮……文案中有畢光祖先生，字枕梅，嘉定人，……與余交好。余每作說帖，皆託為修辭。畢先生改正之後，往往為余詳加解說。嘗謂余曰：『文章貴在理路清楚，不必作四六駢體。但求辭簡意明。古人所謂辭達而已矣。』」

他又說：「畢先生勸余處事要腳踏實地，其公牘圓到，其為人赤誠，其見解高超，皆為余生平所服膺。余以一出洋學生，對國內情形隔膜，而能服官州縣（濱江關道係地方官）數年得無隕越者，多有賴於畢先生匡助之力也。」

這部自述裡，屢次這樣熱誠的稱許畢先生的助力。植之先生在濱江關道任凡二十六個月，他的成績是當時中外人士都很稱讚的。他自己也說：「英國駐哈爾濱領事Sly嘗告同僚云：此間交涉事項宜多遷就施道台，使其久於其任。施道台若離任，其規模辦法必皆隨之俱去，因其方法甚新，同時中國官吏不能行其法也。」

我在許多年之後，也曾聽美國朋友顧臨先生（Roger S. Greene）說，當時他也在哈爾濱，親自看見施先生的政治作風，他很佩服。顧臨先生說：「那個時候（一九〇八年到一九一〇年）離日俄戰爭才不過幾年，中國的官吏能在北滿洲建樹起一點好成績，為中國爭回不少的權利，是不容易的事，是值得留下一點永久的記錄的。」我也曾把顧臨先生的話轉告植之先生，作為我勸他寫自傳的一個理由。

現在他的哈爾濱時期的回憶錄有了安明的筆記，我們只看見植先生處處歸功於那位畢光祖先生。他說：「余在〔濱江關道〕任二十六個月。……經辦事務煩而且重，前任後任無一終局者。余以出洋學生久任此職得無隕越者，得力於畢先生者甚大。就任之始，畢先生告余曰：道署之人，不必多換。『就生不如就熟』。只要長官不貪，下屬豈敢舞弊？……余到任後，未換舊人，而前弊俱去。蓋因余本人於薪俸公費之外，不納分文額外收入。此亦得力於畢先生『腳踏實地』之教也。」

他記載張勳的兵士正法一案，又說：「此案乃畢先生所經辦。其人思慮周詳，文筆圓到。余任內重要公文皆出其手，時人多稱道之，每謂余以出洋學生而公事熟悉如此，誠屬難能可貴。實皆畢先生之功也。」

我們讀施先生稱述畢先生「匡助之力」的幾段文字，我們都覺得這位「為人赤誠而見解高超」的文案先生確是很可以佩服的，——但我們同時也不能不感覺這幾段文字都可以表現出植之先生自己的偉大風度。他能認識這位畢先生，他肯虛心請他修改文字，肯虛心聽他詳加解說，肯虛心請他去幫他自己辦公事，肯全權信任他至十多年之久，使他能夠充分發展他的才能來做他最得力的助手：這都是植之先生一生最可愛的美德。我們看他四五十年之後還念念不忘的說：「我當年的一點點成績實皆畢光祖先生之功」，「實多有賴於畢先生匡助之力。」這樣的終身不忘人之功，這樣的終身把自己的成功歸美於匡助他的朋友，——這種風度是足以使人死心塌地的幫他的忙的了

一九五八，十，廿二夜
在將離開紐約的前七日。

自序

曩者，友朋多有勸余自述生平存留掌故以備後世參考者，吾友胡適之先生每為余言，並允於書成為撰序文。余久久不欲著筆者，良以時方多艱，愧無建樹，何必多著痕迹，以取干名博譽之譏。

乃近歲息影林園，回憶往事，深感世變滄桑，而同輩逐漸零落。追想余自一八九三年出國游學，嗣後服官出使，以迄一九五〇年，歷六十載。經過前清、民初、以至國民政府之時代，其中經歷瑣事，間有饒有興味而未為後人所盡知者。邇來與美邦老友偶談及之，雖余口述不詳，而聽者每覺津津有味，亦有勸余於記性健好之時，擇要發表，以廣傳聞者。

爰於茶餘飯後之暇，與傅君安明講述談論，由傅君隨筆記之，以存掌故。將來整理成冊，於余身後付印，分贈友朋，聊供玩賞，不敢謂為傳記也。

錢塘施肇基序於青山別墅

時民國四十三年夏，公曆一九五四年。

目次

幼年時代

吾家自魯惠公子施父誕生施伯公，因以為氏，是為施氏受姓之始，厥後支族繁衍，徙居各邑。至七十三世祖釆石公於清順治七年（公曆一六五〇年）卜居於江蘇省震澤鎮之純孝里，是為笠澤施氏本支之始。傳至肇基，為八十一世。

余以光緒三年丁丑（一八七七年）夏曆二月二十七日生於純孝里。

震澤居蘇浙邊界，太湖之濱，土壤肥沃，氣候溫和，盛產稻米絲茶，民間夙稱富庶。吾家世代為絲商，先君靜庵公在鄉經營收集轉運之事，先伯少欽公在滬與洋商直接交易，時人稱為絲通事。家中生計，賴以維持。

先祖右娛公課子甚嚴，先君兄弟六人皆親自教讀，寫作俱佳。先伯善榮公嘗為上海《申報》主筆政，當時頗有文名。地方上之重要訴狀，皆就商之。吾父慈祥長厚，急公好義，吾母徐太夫人治家勤儉，敬長慈幼，鄉里稱賢。二老平素，約以持己，厚以待人，垂為家訓。

余五歲入鄉塾讀書。入塾之日，家人以麥糖一方裹以紅布置於方凳上，使余坐於其上，舁入學塾。鄉俗以麥糖性黏固，取其為學有恆勤而不輟之意，有如麥糖之黏固不離其位也。是日，吾母隨至塾中。面告塾師曰：「吾兒如不聽教，可鞭撻之，雖傷吾無怨言也。」

當鴉片戰爭及中法戰役之後，國人懍於對外戰爭之慘敗，群思所以奮發圖強。平時鄉間父老多聚談富國強兵之道，子弟則有負笈遠遊沿海都會觀摩新政規模之心。當時父老言中法之役，我軍於沿海陣地鋪以竹管，法軍登陸後，因法人兩膝行路不能彎曲，多俯地就擒，認為此乃我國戰略高明足以勝人之處。類此見解，皆屬無稽之談。亦可見當時國人對國際知識之茫然也。

余之次兄省之早歲赴滬就學於聖約翰書院及電報局學堂，學習英文，兼研時務。余得余兄之介於光緒十二年（一八八六）入南京妙香庵之江寧府立同文館。此館時方草創，設備簡單。課程有法語英語兩種，著重尤在華文。教授方式偏於背誦，以「法語入門」及「英語入門」為教材。每逢朔望，出題考試。當時此校監督為一候補道員，嘗騎黑騾來校主考。南京濕氣甚重，余因患濕氣病不能再留，一年後即行赴滬。

到滬後，謁見聖約翰書院院長顏永經先生，允予明年來滬入學，顏先生為吾友顏駿人先生之尊翁，早歲去美游學，乘帆船行七十日，敦品力學，志向遠大，此時鬚髮皆已斑白矣。顏先生並告：彼明年將調任虹口聖公會牧師。今日與黃女士結婚之卜舫濟先生（**F. L. Hawks Pott**）將繼任院長。校園中今日張燈結綵，即賀其新婚也。

余於一八八七年到滬入學之時，院長已為卜舫濟先生矣。卜先生對余督教甚嚴，愛護甚殷，受教三年，得益滋多。

聖約翰書院時有學生七、八十人，信教學生免費，非教徒繳納學費：

最初每年八元，後增至十元，至余離校之時增為十二元。校方除供給食宿而外，每年另給小帽一頂，鞋子兩雙，青布長衫二件，棉襖一件。放學時，並給銅錢百文為車費。書籍及醫藥費用亦由學校供給。蓋其時入校學生不多，故有種種優待，以廣招徠。其後英文在上海商界逐漸流行，畢業學生可在洋行任事，收入甚豐，書院學生乃逐漸增多。卜先生留長辮，衣華服，矩步規行，儼然一中國紳士。其人態度嚴肅而誠摯，辦事認真不苟，學校在其任內發展甚大。

其時學校教育，著重傳道。每日須上教堂讀聖經，星期一至星期五上午下午各一次，星期日則中午一次晚間一次，星期六下午無聖經課，學生在操場上體育課，打球為樂。

學校教師，其時約有十人。美籍者為卜先生，以院長兼授歷史。英籍者一人，教授英文。加拿大籍者一人，為校醫兼授生理學。此外皆華籍，一授數學，一授英文，餘皆教授華文。

余在聖約翰書院三年中，有兩事給余印象最深者：

一日，卜先生於歷史課上講戰爭之意義。卜先生言：戰爭不一定是壞事。凡為正義而戰之戰爭，乃維持人類和平及世界秩序之必要條件也。余默思中國民族傳統之反戰觀念，未必全是。自是余對戰爭之意義有新的認識。

又一日，余在卜先生辦公室內，見美籍兩教士來訪，言其路過曹家渡時為中國兒童擊傷之故事。（**曹家度在租界之外，其道路則為租界當局越界所築。**）時方盛暑，兩教士（**Ingle及Logan Roats**）以團扇蔽面，乘人力車來梵王渡。途遇華童，以小石擊之，將團扇打破，並傷兩教士之額角。余當時問以彼等被擊之後，如何對待華童。彼言：彼等停車，告誡華童：不可為此無禮之事。對於華童，未曾有絲毫責罰。

余聞言，對兩教士之容忍態度，不禁肅然起敬。蓋當時在華之洋人率皆粗暴無禮，社會上對於洋人之觀感印象甚不佳也。此為余對洋人人品道德有新認識之始。

在此三年中，余曾一度欲往香港就學，以卜先生勸阻而止。

一八九〇年余入胡維賢先生主辦之國文學院，專研漢文兩年。至一八九三年，隨楊欽差赴美。

留美時期（一八九三至一九〇二年）

光緒十九年（**公曆一八九三年**）楊子通欽使（**名儒**）奉派為出使美日秘國大臣，余隨任為翻譯學生。同年八月底抵美。時余年十六歲。

當時駐美使館館員有：二等參贊何彥昇，三等參贊胡維德，二等翻譯官莫鎮藩，三等翻譯官鍾文耀；隨員三人為蘇劍釗及徐尚二君。徐尚二君為總理衙門所選派，尚為書辦，徐為例行公事之主稿人。翻譯學生為李丹麟及余兩人。另有差官兩人（**其中一人為理髮師**），廚師二人，裁縫二人。時使館館址方由西北區之杜幫園（**Dupont Circle**）遷至西北區第十四街與耶魯街轉角處（Yale Street**今改名為**Fairmont street）。

其時駐美欽差兼駐秘魯及西班牙兩國，（「日」為日斯巴尼亞（Espana）之簡稱」，係指西班牙，非指日本。當時官書約章中，西班牙皆譯作此名。）故稱出使美日秘國大臣。其任期為三年，第十年駐美；第二年駐西班牙，第三年駐秘魯。三年任滿後，或留任，或他調，或回國。欽差大臣出國之時一次領足三年經費，及往返川資。駐美國、秘魯及西班牙三國使館人員，及所屬領事官員，及北京上海文報局人員共約五十餘人皆由欽差大臣指派。經費亦由欽差包辦，不須報銷。派在外館工作人員三年任滿後，得「異常保舉」。京滬文報局人員（文報局駐北京上海兩地，專辦駐美秘日使館文電傳遞之事。）任滿後，得「尋常保舉」。其時清廷制度升遷嚴格，保舉難得，隨任人員有專為「異常保舉」而來者，每至第三年初奏保以後，即行返國。欽差大臣之第三年經費，因留館人員薪俸減少，常有盈餘。故駐外欽差在當時官員之中，係屬優美之缺。

又欽差大臣任滿後，調任他缺之美惡，往往賴京中人事之維持調度，而年節所送冰炭兩敬，關係甚大。所謂冰炭兩敬者「係指一年三節之禮金。駐外欽差對職務上有關在京之長官同僚；皆有饋贈。夏稱「冰敬」冬稱「炭敬」。此種習氣，至民國以後始行廢止。又欽差大臣對兩宮（即慈禧太后及光緒帝）年節萬壽之貢品，亦甚著重。

楊欽差在任時講究一般衙門儀節。其辦公室外有差官二人侍立，館員入見，皆須報到請見。館員離館，亦須請假。平時辦公有翻譯二人隨侍在旁，每逢朔望館員齊集館中，向欽差請安，謂之「上衙門」。差官俟館員到齊後，以「手本」呈報欽差，欽差曰：「道乏」，館員乃散。每逢端午節中秋節以及欽差及其夫人之壽辰，館員皆須送禮稱賀。欽差受禮後，則以筵宴為謝。欽差眷屬及館員眷屬當時皆住館內。膳食由厨師料理，費用由館員按照薪俸成數分攤。欽差及其眷屬不付分文費用。

楊欽差夫婦喜好應酬。楊夫人滿人，天足，衣飾講究，為我國駐美欽差夫人出外應酬之第一人。楊之前任崔國因欽差，性情拘謹，不尚酬應，在美任內，與外間絕少往來。總理衙門聞知其事，故選派楊為繼任，因楊儀表魁偉，衣冠華麗，夫婦皆尚酬應。出國時，且給經費特多，囑於到任後，與外界多多聯絡。

楊欽差出外應酬雖多，皆係應邀而往，從不在館內答宴外賓。只於聖誕節時：遣人分送綢緞茶葉為禮，以答謝之。每至聖誕節前，中國使館以馬車沿街送禮，車聲轔轔，市民見之，皆知為中國欽差之禮車也。

又其時國內派來大員出國考察，行抵美京時，欽差率領全體館員穿中國袍套禮服迎於車站。並在站台設立香案，見面之時，即須行跪拜禮，為皇太后及皇上恭請聖安，由來美大員代受代轉。行禮之時，楊欽差率領全體館員跪於香案之前。楊一人跪於前排，館員列為一行，跪於後排。由楊欽差口唱：「奴才（**楊係滿人，故稱「奴才」而不稱「臣」**）楊儒率全體館員恭請皇太后及皇上聖安。」大員立於香案之旁，面對香案，大聲應道：「安」。禮成，跪者起立而去。此項儀節必須於初次見面時行之，不得延遲，故每次行禮之前必須向車站站長說明原委。而行禮之時，車站左右之人皆來圍觀，嘖嘖稱奇。直至民國改元之後，此項儀節始行廢止。

楊欽差任內尚有「堂見」一事，為余所親見者。時金山總領事金山華僑六會館之董事發生爭執，該領事報告楊欽差，請使館行文兩廣總督府將六會館董事之眷屬扣押，以勢脅該董事等就範。董事中有擅長文字者，不直該領事所為，乃備文向楊欽差申訴。楊乃召原告四人入京，舉行「堂見」。所謂「堂見」者，即以法堂儀式相見之義。是日使館內於廳中置長方桌，設香案。欽差坐於正中，參贊隨員立於兩旁，案前立兩差官。董事來見時，差官立呼彼等跪下，嚴詢一個多時辰，始行斥退。四董事皆六十老人，長跪時久，起立為難。彼等回至旅舍，為新聞記者包圍問詢，皆默不作答。次日西報載稱：各董事對「堂見」之事，雖不言內情，而見彼等行步艱難，料其必曾受苦。云云。此亦前清時代，「官官相護」壓抑僑胞之一事也。

余任翻譯學生時，兼在市立中心中學求學（**Central High School**）。每晨八時半入學，下午二時回館。每天任務為翻譯時事新聞百餘字，及陪同楊欽差及其夫人於拜客赴宴時擔任傳譯之事。通常隨任翻譯為鍾文耀與余兩人。鍾為楊欽差任傳譯，余為楊夫人任傳譯。美國人好奇心重，加以楊氏夫婦衣飾華麗，喜好酬應，故宴會特多，每次赴宴，皆係四人同往。余因之甚忙，預備學校功課每感時間不足。且余數學根柢不佳，而校中又規定法文拉丁文皆為必修功課，深以課務繁重為苦。余之所以選入中心中學者，係因該校為規模最大之中學，而又校址適中，交通方便。余為中國人在該校肄業之第一人。

余初入校，英文程度不夠，輒於暑假期間，補習英文。第一年從柔可登非君（**Reickledenfei**）補習（**此君後改習醫科，曾任美京市政委員**）。第二年從英文教員摩根女士（**Ms. Ella Morgan**）補習。每小時學費一元五角，但每次授課皆自動延長至二小時，只收一小時之學費。其人教法謹嚴，每日令余高聲誦讀小說散文一兩篇，伊則將余誤讀之字一一用鉛筆劃出，令余更正，必至讀得字字正確而止。次日先溫舊課，而後上新課。其改文亦極認真，每有改正，必就錯誤之點詳細解說。余英文之略有根柢，得力於摩根女士教導者甚大。

摩根女士教課雖極嚴謹，而為人則慷慨慈祥，和藹可親。老年獨居寂寞，常請中國學生寄宿其家，以慰寂寥。余弟丙之來京就學時，即住其家，食宿四年，所付費用極少。余弟去後，推薦孫章甫（**名多鈺，後任開灤煤礦公司總經理。**）寄住其家。此後每人離去，皆薦一人續住。余在康乃爾大學就學時，每逢假期來京時，皆住其家飯廳中。民國二年，余弟兄在京就事，景況甚好，曾邀伊赴華遊歷一年，派吾姪贊元招待，陪侍同遊各地名勝。伊云：此行甚樂。見余等皆各安居樂業，努力向上，尤為心喜。余等留其在華再住一年，伊云精神不佳，亟願回國。次年又派贊元陪其赴歐洲各國遊歷一年。伊晚年景況不裕，余弟兄每年寄款為其過夏休假費用，伊從不動用，每集至成數，即滙還於余。余亦不便相強，後以此款在中心學校內立一「摩根紀念室」陳設中國家具裝飾，留一永久紀念。摩校女士摯愛中國，出於至誠。其對中國學生，皆勉以敦品力學，經常有中國學生寄住其家。彌留之際，尚有中國學生陪伴在側，摩根女士即枕於其手臂上含笑而逝。

余任翻譯學生時，曾兩度赴美國外交部。因當時之翻譯學生只隨欽差夫婦於拜客赴宴時擔任傳譯，欽差赴美外部洽辦公事則由二等翻譯官三等翻譯官擔任譯事，故余無因公入外部擔任譯事之機會也。

第一次為使館二等翻譯官莫鎮藩偕訪美外次柔克毅（W.W. Rockhill）。柔君於中國學問素有研究，曾為文論中國人口（China'sPopulation）著稱於時。後任美國駐華公使，卸任後復為袁項城聘為總統府顧問。（柔克毅任駐韓美國領事時，適袁在韓任辦事大臣，與袁甚熟，而與當時英國駐韓領事朱爾典（Sir John N. Jordan）亦甚交好。後袁任總統，朱爾典為英國駐華公使，中英當時交涉甚多，故袁聘柔為顧問，冀能有所助益。）余往訪時，柔問余在使館擔任何事，並隨手在其轉動書架上之Giles大字典中取出中文公文一件，囑余譯為英文。余逐句為之口譯，彼聽畢，盛讚余之譯辭信達，乃一優秀譯員。此為余赴美外部之首次。

第二次余往美外部時，係麥金來總統就職之前夕，往看煙火慶祝會。時煙火在白宮後園演放，美外部東南面鄰近總統府（即白宮）之後園。（美外部舊址為今預算局之辦公處）居高臨下，全入眼底。是日余遇美外次艾迪（**A. A. Adee**）。艾君云：「明晨新總統就職，美外部高級職員全部辭職，唯余留任。」又問余曾讀Longfellow之詩否？云：其中有佳句，乃係為余而作者：

"Men may come men may go, but I go on forever."

蓋艾迪在部年久，公事熟悉，歷任外長，皆倚重之，留備諮詢。其人詼諧有趣，惟耳聾不良於聽耳。

光緒二十三年（**公曆一八九七年**）楊欽差奉調駐俄，伍廷芳繼任為駐美日秘國欽差大臣，余留任為隨員。是年夏余在中心中學畢業後，即辭職。赴綺色佳城之康乃爾大學（**Cornell University**）就學。

伍廷芳之出任美使也，乃李文忠公（**鴻章**）所擢拔。緣伍廷芳與羅豐祿隨文忠赴馬關議約，文忠與伊藤博文為老友，會後閒談中國圖強之道。伊籐云：「伍、羅兩君為余往日留英同學，皆一時俊彥，今余已為一國之首相，彼兩人仍居下僚，何不畀以重任？」文忠當時頗有感觸，歸後即保薦伍廷芳使英，羅豐祿使美。後以伍屬英籍，英廷不予接待，乃改派羅豐祿使英，伍廷芳使美。我國自一八七八年派遣使節駐美至今十九年矣，伍為我國駐美使節中能操英語之第一人。（以前使節中僅副使容閎一人能操英語，但未久於其任。）到任之後，酬應甚忙，又常出外演說。其人詼諧有趣，極為社會輿論所歡迎。其任內大事，有：退還庚子賠款之一部分充作中國教育文化基金之用，及建造美京十九街二〇〇一號之使館館舍。

伍使任內，又有一饒有趣味之事，即伍為各國駐使中乘坐汽車之第一人。時汽車新出未久，尚未盛行，外交使節出外拜客皆乘高駕雙頭馬車，車聲轔轔，威儀抑抑。

伍使接受友人所贈汽車一輛，於每星期訪晤美外長例會時，乘之赴會，與司機並肩而坐，招搖過市，無所介意。一時傳為佳話。

余之選入康乃爾大學者，乃因該校在懷德校長（Andrew D. Whis）領導之下（後任美國駐德公使），主張信教自由，學校內無教堂。又主張選科制，減少必修課程，學術空氣濃厚，思想非常新穎。且該校費用較省，入學考試亦較簡單。余在校時每年用費約七百至七百五十美元，最後一年以吾兄省之在國內辦理京漢鐵路包工工程，收入較豐，寄余千元，以是是年余甚闊綽。通常學生在校每週房飯費三元，余每週用三元半，已屬飲食豐盛者矣。余為中國學生在該校就學之第一人。

余在康乃爾大學就學於文學院。得力於歷史教授斯迪芬斯（**Prof. Henry Morse Stephens**）及英文教授哈德（**Prof. James Hart**）兩師者甚大。

斯迪芬斯教授，時授歐洲近代史，授課之餘，多所啟迪。嘗問余曰：「來美求學，有何志願？」余答曰：「中國積弱，受人欺凌，願以所學，為國家收回利權，雪恥圖強。」先生贊許，時時勉為通才之學，研究人類心理，講求用人之道。蓋世上事業，全賴合作以成，群策群力，最為重要。又嘗作書介余往見各大學著名教授學者，戒勿專讀死書。嘗言研習歷史，應著眼於其強弱盛衰之迹，及其所以致強避弱之道，不必專記年代。凡中國學生來美求學，於當時史事之年代所應知者，三事而已：（一）一四九二年——哥崙布發現美洲大陸之年，（二）一〇六六年——威廉王征服英國之年，（三）一六四四年——滿人入主中國之年。此外年代皆不足記。但知歷史有上古、中古、近代之分足矣。

斯迪芬斯教授又嘗問余：「雪恥圖強，如何作起？」余答以：「中國屢遭國際戰事之慘敗，國民失去自信自尊之心，必須再與外人作戰，戰勝一次，恢復其自信自尊之心，然後可以努力有為。」彼問將與何國作戰，余曰：「與葡萄牙作戰，收回澳門。」師言：「不可。君不知英葡兩國對其國外屬地有共同防守之約乎？中國擊葡，英必助之。且葡國小民寡，中國如與之戰，國際同情未必在華。何如對法在安南一戰，法為歐陸大國，而安南之內政不修，法國駐越之陸海軍隊尤稱腐化，中國戰之，必可獲勝。」云云。余與先生，時得質疑問難之樂。

余在康大就學兩年，適駐俄楊儒欽差以譯員陸徵祥抱病，來書邀余赴俄相助，並赴海牙出席「弭兵會議」。時光緒二十五年公元一八九九年事也。余年二十二歲。

余在啟程之前，遍訪校中師長辭行。各師皆稱善，為余遠行新任賀。獨哈德教授不以為然。勸余專心向學，此時不宜輟業他就。余心感之。此時余雖不能失信於楊使，必須赴俄一行，然回美續學之志，則已決矣。

余居俄京聖彼德堡及海牙一年，助楊使為譯事，事務甚忙。余以返美續學心切，於次年辭職，楊使堅留不放，遂致不歡而散。

一九〇〇年返康校，次年畢業，得文學士學位。斯迪芬斯教授勉余再讀一年，並言：來美游學之中國學生，往往大學卒業，即匆匆歸去，若能再讀一二年，多增學歷，將來回國不論在學識上資歷上皆較一般為優異。余從其言。續修一年，於一九〇二年完成文學碩士學位。是年夏，首途返國。

余在校時，喜與同學交游，同班者人人相識。蓋余嘗思美國人口稀少而國力強盛，我國人口眾多而國力衰弱，其中緣故，必在國民之品性與作法，故與美國人士接觸甚勤，冀能瞭解其民族性優點所在，以為借鏡焉。同班同學待余皆厚，余在大學第三年級時，被選為康乃爾年報編輯，每年有酬一百元，為當時校中名利兼收之事。惜余是年因奉楊使之召，赴俄共職，未能擔任，引為憾事。

一九二六年余班畢業同學在校舉行第二十五周年紀念會，以余及司戴德（**Willard Straight**）兩人較有聲譽（**司戴德曾任美國駐瀋陽總領事及威爾遜總統之外交顧問。聰敏絕人，惜其早逝。身後在康大校園內捐建「司戴德大樓」為學生社交游憩之所。**）乃捐款二千五百元，設立「施司獎學金」（**Sze-Straight Fund**）。後同學錫尼爾金。施家子弟入校讀書者，優先取得。後以吾家子弟赴康大就業者少，該獎學金乃交由學校當局支配矣。

余同班中有克瑞爾（**Willis H. Carrier**）為美國冷氣工業之創始人。彼早年曾語余曰：「現正努力設計一項轉換空氣之機器，將來社會受益，余亦可成百萬富翁。」並言：當時戲院中空氣甚壞，只靠兩端電扇轉換之，實嫌不夠。彼之發明，將於夏日將清新空氣輸入室內，而將污濁空氣抽出。冬日則以清新之暖氣輸入。余告以此項計劃，不合實際。因空氣放入，有引致傷風之可能。渠云：「不然。在戲院之內，清新空氣可自座位之下徐徐向上昇騰，對於觀眾不直接吹射，實屬有利無弊。」彼之計劃卒於一九一一年向美國機械化工程學會提出。及余於一九四六年四十五周年畢業紀念會晤見時，彼之事業已確立矣。然以其少時家境清寒，營養不足，一生操勞過度，中年以後體力不支，心臟衰弱。是次把晤後，不久即辭人世，甚可惋惜。然其事業則已垂之久遠。此余同班中之唯一工業富豪也。其人立志堅定，任事勤勞，精誠和藹，引人愛敬。

余於一九〇一年畢業時，本班同學推余為領隊（**Marshall**），率領全班同學步入禮堂，舉行畢業禮。一九〇二年修畢碩士學位時，仍被推為領隊。一九五一年，吾班同學在校舉行五十周年畢業紀念會，余往參加，五十年前同班七百餘人，今只三百健在矣。此次同學集會，仍推余為領隊。其儀式係先在巴登（**Barton Hall**）隨樂隊環行廳堂三周，然後步行至棒球場觀球。余以同學多已年老，頗有不良於行者，因建議先由樂隊環繞廳堂行走二周，至三周開始時同學再行加入，行一周後即往棒球場觀球，可以稍節精力。老年同學竟不服老，不從余言，堅持繞行三周，然後觀球，亦一時之佳話也。

又余在康大時，某日聽退休之首任校長懷德先生回校演說，（懷德辭任校長後，任美國駐德公使數年，退居後，家住綺色佳，常來校園盤桓。）言：離校以來，校中各項進展，甚為可觀。惟有一事為退步之象徵，即在兩課休憩之時間，學生坐於階下抽煙斗者甚多，且時時吐出煙葉口水，既不清潔，又礙觀瞻，實屬不良現象。又言：彼四十以後，始行吸煙。諸君年至四十而學業有成，再行吸煙，未為晚也。云云。余早年未有煙癖，實受其影響。及至中年，而習慣已成，遂亦無意吸煙自遣矣。

武昌時代（一九〇二至一九〇五年）

余自美國返國，先至漢口，省視吾兄成之，時任招商局漢局會辦。因當時湖北巡撫端方在羅致新政人才，介余往謁。余往訪晤，暢談甚歡。端囑其子陪余在樓上書齋談天。端子問余：「舢板兩旁之鐵條，英文何字？」余告曰：「davit」端子即稟告乃父云：「施某學問淵博，勝於梁敦彥。余往日問梁：『舢板鐵條英文何字？』敦彥不知。」（**余聞而非之。蓋人之學養豈可以一字之知否以為鑑定。敦彥固留學前輩，學淵識廣，時已為湖廣總督張之洞之洋務文案矣。**）端方聞之甚喜，遂派余為撫署洋務文案，並兼西北路中學堂監督。時西北路中學堂尚未設立，派余籌辦，意在給一名義，稍增待遇而已。後端方欲遣其子游學北美，乃派余為湖北省留美學生監督，於一九〇二年冬率領第一批鄂籍官費生重遊北美焉。

到美後，吾師康大教授精琪先生（prof. Jermiah W. Jenks）被邀赴華考察幣制，研究改良計劃。（**精琪於美國併取菲律濱後，曾赴菲整理財政，著稱於時。**）約余同行為翻譯。使館代辦沈桐亦以此來商，余乃商其呈報政府借用，派余同行。其實精琪之行，乃沈桐建議政府邀請者。時伍廷芳任滿返國，沈在代辦期中，亟欲有所表現也。

余奉政府之派遣於一九〇三年與精琪同行返國。行抵北京，政府派徐世昌接待之。徐為人長厚，對余甚器重。每與精琪有所商談，必先諮詢於余。余隨精琪在京先後逗留數月，又赴各省調查實況，分訪各地總督：如：岑春煊、張之洞輩。並晤見津海關道唐少川先生。少川先生乃留學界前輩，學識膽略，皆為時人所宗仰。又與袁項城交好，對於新進人才廣為羅致。項城當時聲譽隆起，事業輝煌，得力於少川先生者甚大。

精琪訪晤張之洞時，余任翻譯。張談論我國幣制情形三刻鐘，娓娓不倦。其層次如作八股文章，逐條推說。余陪坐於旁，不能戴眼鏡，不能作筆記，只能以手指略記條次，待其說畢，然後傳譯。譯畢，辜鴻銘在座，（**時為張之洋務顧問**）言：余譯辭詳確，毫無遺漏，較其本人所記尤多。云云。

精琪之行，以我政府並無改革幣制之誠意，故無具體結果。數月之後，精琪返美，余亦偕第二批鄂籍官費生再游北美。此行端方之子與焉。顧少川君亦以自費同行。

余為官費生辦理赴美留學護照，常至美國領署洽辦簽證手續。其時美國駐漢口總領事為一牙科醫生改業者，每於規定簽證費之外，另加收每張護照華幣十元，備其自用。余面斥其非，告以此乃非法索款，不能照付。此實美國早期駐外領事行為失檢之處，蓋其時美國外交人事制度辦事章程皆未確立也。

余到美未久，張之洞宮保回任湖廣總督原任。端方調補湖南巡撫，移駐長沙。余乃由美回抵武昌述職。

余抵武昌，即到督署述職。當時屬員晉謁長官，不能預約時刻，必需到署候見。是日清晨九時往候，至下午二時尚無消息，不覺憤憤思去。時總督府文巡捕許仲青與吾家有舊，乃堅挽余回署共飯。約定明日再來，必能見到。次日再往，果見南皮。（張之洞南皮人時人稱為張南皮）。晤談後，派為督署之洋務文案。

南皮對洋務人才不甚接近，見面機會甚少，事務指示多由總文案承轉。時總文案為汪鳳藻先生，字笙台，蘇州人，為汪君榮寶之尊人，當時之名翰林也。南皮對於科場名士，非常器重。文案中有畢光祖先生，字枕梅，江蘇嘉定人，中式舉人，與余交好。余每作說帖，皆託為修辭，畢先生改正之後，往往為余詳加解說，嘗謂余曰：「文章貴在理路清楚，不必作四六駢體，但求辭簡意明。古人所謂：『辭達而已矣』。」後畢君離南皮幕府，適余得京漢鐵路總辦，遂邀共事。及余任濱江關道時，亦邀同往，相處融洽，為助良多。（畢君隨南皮任文案十餘年，一日南皮忽下手諭，甄別幕僚。畢君不悅曰：「吾從宮保十餘年，才能高下，彼應知之。何必尚須甄

別？」遂拂袖而去。畢離督府，仍住武昌，日讀棋譜自遣，漸見窮困。及余得京漢鐵路事，乃約同行。）

畢先生勸余處事要腳踏實地。其公牘圓到，其為人赤誠，其見解高超，皆為余生平所服膺。余以一出洋學生，對國內情形隔膜，而能服官州縣（**濱江關道係地方官**）數年得無隕越者，多有賴於畢先生匡助之力也。

余初至南皮處，月薪只銀五十元，須自雇轎夫三名，跟班一人，書辦一人，加以一切應酬，頗感入不敷出。幸吾兄成之其時在漢，所用袍套衣冠無錢自備者，皆向彼借用。南皮幕府有張望屺君，家有餘屋，余租一室以居。張君性情溫和，漢文功深，其所作蘇體書法，尤為有名。時人求南皮書者，多為此君代筆。

余初至督署，事務清閒。一日，總文案汪鳳藻召余商談鮎魚套釐卡一案。（**鮎魚套在武昌南門外**）

時漢口為通商口岸，各種貨物進口，不須完釐。但洋人往往將武昌及漢陽併包於漢口範圍以內，實無根據。當時美國卸任領事之子某在漢口為當地商人包辦運輸之事，一切洋貨進入鮎魚套釐卡，不肯完釐。風氣一開，群相效尤，湖北稅收大受影響。往日湖廣督署洋務交涉皆由梁敦彥辦理，現梁經唐少川先生之薦，為直督袁項城調任津海關道往天津赴任，此案乃交余辦理。

余詳查公法，確定商埠範圍限於漢口，武昌已不在內，而鮎魚套更在武昌南門之外。提出交涉，必可獲勝。當日即告汪總文案：此案可以試辦。但須照余之條陳辦理：

（一）此事須授余全權處置，（二）釐金委員會須聽余之調度。余又告釐金委員：

（一）收釐時，不許與對方爭執。遇有爭執，囑其向洋務文案接洽；（二）不許用武；（三）凡未繳納稅款之洋貨，不得放行。

次日船到，滿載洋貨，拒不完釐。釐金委員扣其貨物，囑對方向余接洽。余面告運貨之人，限期納稅，否則船隻貨物一併沒收。包辦之人自知理屈，立刻逃脫，運貨者照章納稅。此案遂告順利成功。其順利情形，實遠出於意料之外。

南皮得報，喜出望外。立刻派余兼差七事，其中以銅元局委員一差，為最優美，年終紅利甚厚。自此余每月有七百銀元之收入矣。而督署同僚對余亦多聯絡，一時情緒甚佳。

南皮為人甚重形式禮節。屬員晉見時，須衣藍袍，黑馬褂，著靴，不戴眼鏡。每次接見領事，傳譯之後，須具說帖。說帖須正楷工書，不許有破體字、簡字、別字參雜其間。

英廷知南皮講究漢學，乃派漢學具有根底之法磊斯（**Fraser**）為駐漢口總領事（**後調任英國駐滬總領事**）與南皮相處甚好。法磊斯每次晉見南皮，必先談漢學，然後談公事。問答之辭，皆由余於客去後備具說帖，呈閱備案。

余初擬說帖，文筆不能暢達。稿成後，常請漢文文案畢光祖先生斧正，另雇一書辦繕正之，應付公事，深覺辛苦。

當湖廣鐵路借款案發生時，法磊斯赴牯嶺避暑，余為商議借款合同事，赴牯嶺兩次。其時牯嶺為洋人避暑山莊，住宅區外設有欄柵，不許華人入內居住。法磊斯之家，屋小客多，不能邀余寄宿，余乃在附近一華人百貨商店中寄住。當時目睹英人此種「喧賓奪主」之作風，為之憤憤不平。余乃中國政府派來議事之官員尚且遭受如此待遇，其他可知。益覺舉國圖強，收回權益，為刻不容緩之急務矣。

余在南皮幕府將及一年，徐世昌奉派參加五大臣出洋考察憲政之行，因與余在精琪訪華同行時曾經相識，電約同行為助。電到，為南皮所知，立即將余之本兼各職，一併開缺。南皮並對左右言：「余遇施文案如此之厚，彼尚有意他往。」頗為不悅。余聞之乃訪總文案汪鳳藻，告以：徐世昌電約同行之事，事先余未預聞，事後亦未應允，未知宮保明其底細否？汪答曰：「宮保必有後命。」余留候數日，並無「後命」，遂即離去。

余之離去武昌，在當時，頗視為一種損失。然事後思之，實有「塞翁失馬」之意義。若當日南皮不強余離去，余將久困武昌。其地局面不大，人才不多，對余之學識閱歷」皆難得有切磋磨練之益也。

考察歐美憲政之行（一九〇五至一九〇六年）

五大臣出洋考察憲政之行，以吳樾在北京前門車站擲一炸彈，致載澤、紹英、徐世昌皆不果行。徐世昌留京，入軍機處。僅端方、戴鴻慈二人就道。端方又約余同行，余允之。

此次考察，先至美國。在美國一切旅行應酬，皆由余料理。赴法期間，一切庶務由岳昭燏任之。赴德期間，由溫秉忠任之。赴俄期間，由管尚平任之。端方對余極為倚重，沿途事務，不論巨細，皆與余商議而行。

同行之人，端、戴之下，有四翰林隨行，為熊希齡、鄧邦述、關冕鈞及長沙知府劉某，皆一時名士。又有顧問隨員若干人。此行因行人眾多，且有初次出國缺乏旅行經驗者，不免笑話甚多，而辦理庶務亦甚感困難，照料不易周至。

端方滿人，精力飽滿，興趣廣泛，酬應游覽，皆所喜愛。此行遍訪各國，拜客覽勝，日夜不倦。當其到歐時，荷蘭、瑞典皆邀往遊歷，但荷廷未送宴會請柬。端方甚切盼之。余與駐使商之荷外部，據復：荷廷甚願設宴歡迎，但主客必須終席。嗣後探悉，上次李文忠赴荷訪問，荷廷設「廷宴」款待之，席間，文忠因腹痛離席，不辭而去。荷蘭皇后久待不至，只得散席，然頗失望。自此中國專使訪問不再設宴款待矣。故此次有此聲明也。

此行考察，端方搜集憲政書籍資料多種，滿載而歸，原擬編一詳盡報告書，以為國內行憲之參考。惜以材料太多，編譯人才難得，報告迄未編成。余當時即慮材料太多，編譯費時，曾建議仿照洪文卿日記之例，作一旅行日記，以便日後追記補述。若將來題材內容過於豐富，自不妨再出專書。然迄未實行，此亦由於端方好高騖遠不切實際，一切求全責備，以致日後雖求一簡要紀行之作，亦不可得矣。

端方此行與余雖事事開誠，但有一事使余不能無介於衷。即船抵新嘉坡時，岸上聚眾歡迎，非常熱鬧。當地僑領備車來迎，行過鬧市，端在馬車中，心情不安，與余商量易位，使余獨坐於正位之上，蓋畏人行刺也。及端返國，奉命督辦川漢鐵路，約余同行，余遂託病未往。時岳昭燏願往，乃薦以自代。後武昌起義時，革命黨人因端方往年殺害黨人甚多，欲得以復仇，端之左右勸其暫避，端乃與其弟端六偽裝出川。行至成都荒廟中，為黨人識破，立即就擒。黨人迫其跪下用刑，端拒不肯跪，遂被殺害。

考察事畢，端方以余此次出國辦事辛勞，循「異常保舉」例，行文軍機處保薦余以道員存記，儘先補用。

出國考察之前，余與中山唐傑臣先生之長女鈺華女士在滬結婚，時光緒三十一年（一九〇五）夏曆十一月一日也。岳丈傑臣先生前一歲逝世，鈺華孝服未滿，婚儀甚簡。原擬於婚後同行出國，故匆匆完婚。後因國內政局紊亂，未果同行。婚後鈺華隨寡母在上海暫居。鈺華生於光緒十二年丙戌夏曆正月二十一日（即一八八六年二月二十四日），來歸時，年十九歲。鈺華勤儉賢淑，生平待人以誠；處事勞而無怨，為余生平所敬服。余服官出使數十年，內而撫育子女，外而應待親朋，皆伊一力任之，使余無內顧之憂，友朋稱羨，余心感焉。

任職京漢京奉鐵路局時期（一九〇六至一九〇七年）

余隨「憲政考察團」歸國後，在滬小住，即擬入京一行，料理瑣事。適唐少川先生入京接任「督辦鐵路大臣」，約余同行。先乘江輪至漢口，再轉京漢車北上入京。行至中途，忽有先行運料車出軌：少老所乘專車不得前進。專車共分兩輛，前輛中人腹饑思食，召管段人員備食，但管段工程師係法人，不懂華文英話，**（京漢路係比國借款所築，故路上多法國工程師。）**雙方話言不通，乃至後輛車中乞援，余在後輛，應召而往：即以淺近法語，囑其備茶備飯。一時饑渴得解，行人稱快。

抵京數日料理瑣事畢，往謁少老。少老一見，即曰：「待君久矣！現京漢鐵路總辦乏人，須得一兼通英法文者接手，君能法文，盼君接任。」余聞之驚訝，答曰：「余之法文，只能應付簡易，實非能手。且管理鐵路責任甚重，余從無此項經驗，斷難勝任。」少老又一再言：目前得人甚難，促余勉為之。余時方謀入外務部，無心參與鐵路之事。然少老於余，為前輩，為姻長，**（少老與先岳傑臣先生為同宗，雖出五服，但係同學至好。）**此命究屬知遇，情不可卻，乃勉應之。

是年（**一九〇六**）政府新設郵傳部，鐵道業務併入該部。唐少老以侍郎主持部務，薦余署右參議，兼京漢鐵路總辦。右參議係四品京堂實缺，京漢鐵路總辦係一差事，故為兼職。

就職之日，少老又告余曰：「京漢鐵路全線通車未久，一切制度章程宜採新法。現行規章積弊，若不立即革除，將來更難整理。望君放手為之，吾為君之後盾。」余感於少老之知遇信託，於到局之始，即著手改進。著重於：財政整理、制度釐定，待遇改善及弊端掃除諸事。畢光祖先生隨余來局，助余策劃。條陳核擬，悉以付之。

京漢鐵路雖係自比國借款興築，實係法比兩國投資。因此路通京畿國防重地，當時政府政策民間輿論均不贊成強大外國操有路權，故由比國出面。人事分配上，則行車處處長為法人，銀團代表為比人。**（粵漢路路權歸美承造，因美國素無政治野心也。後美銀團無意興築，欲以路權轉讓他國，我方不允，乃向香港政府借款，向美銀團收回路權。）**

京漢路借款，每年抽還本息，必須按期繳付。若有拖欠，影響路權。故開支方面，必須認真整頓，增加盈餘，清償外債。但本路建築時所用器材機械皆從儉約，維持費用亦省，如若認真整頓，除付本息之外，可有盈餘。惜當年合同規定：所得盈餘由中比雙方享之，其利不全歸我耳。英國借款所築鐵路如滬寧鐵路則材料講究，且有雙軌，成本太大，維持費貴，其病在還本期間太久，而路上收入亦難有盈餘矣。英人之所以主張材料講究者係因料美價高，而材料皆購自英國，英人可以從中多得利潤也。

余到任後第一事，為取消免票制度。有官吏來索免票者，余皆於個人薪俸中購票贈之。**（時總辦薪俸甚豐，月有一千元。）**因之索者逐漸減少，增加路上收入甚多。

京漢鐵路通過直隸（今河北省）河南湖北三省，路線甚長，諸如客票買賣、裝運貨物，管理不易，弊端叢生。而貨車轉運，站長每向商人索賄，尤為弊之大者。如北京之豬肉賴城外各鄉鎮供應，肉商須將牲口運至京城屠宰。若不向站長送酬，則運豬貨車可於中途停滯數日使牲口飲食斷絕而死。且有將載豬之車故意前後撞擊，使牲口相互擠壓致有死傷者，肉商為避免意外損失，不得不從優納賄。凡此情形，皆在余嚴格查禁之列。

余細查鐵路上員工待遇，外籍者因有合同規定薪俸優厚，華籍者比較低微。往年美國鐵路創辦時亦屬弊端甚多，及至員工待遇增加後始漸改善。余乃將華籍員工之待遇增加一成，一面嚴查弊端盡力整頓。

又京漢沿線車站及鐵路橋樑附近每於年終常有鄉民自縊身死，余當時不解何故，後經調查，始知皆為貧苦鄉民避免年關逼債者，如在鐵路站橋附近縊死，可能得到鐵路局之棺殮掩埋，免於棄骨荒野。余聞之惻然，立令沿路各站對此貧苦自殺之人，概予殮葬。當時農村經濟之困苦，於此可見。

又關於鐵路上器材採購之事，各國商人買辦向余兜攬，誘以佣金成數甚大，余皆一一嚴辭拒絕。日後與友人談及鐵路購料弊端事，有一英人在旁，言：「英商一向規矩，不付佣金。」余面告之曰：「余在京漢鐵路任內，有英商來售器材，許以一成八之佣金者，為余所拒。君願知其名字否？」英人乃啞口無言。

在余接事未久，適值袁項城在河南彰德舉行秋操檢閱。將京漢路全線多數車輛調集備用。此次秋操，規模宏大，籌辦不易。蓋一面要維持正常行車，一面要使軍運不誤。且直隸總督府之差官多人依勢生事，麻煩不堪。幸賴唐少老出面彈壓，始得安然渡過。然亦藉此增加閱歷不少。

在任年餘，一切整理，逐漸就緒。忽有六河溝煤礦公司來商收管支線及減少煤炭運費之事。

緣六河溝煤礦鐵路係屬窄軌，每次運煤至豐樂鎮轉裝於京漢鐵路寬軌煤車之上，既有搬運費用，又有「大煤變成小塊，小塊變為煤屑」之損失，公司遂有賠累，乃商京漢鐵路將六河溝公司支線接管。余商之路局主管部分，皆告：該支線有「行車」、「機務」、「維持」三部分組織，若予接管，所增費用甚大，難以照辦。公司繼又要求：由京漢路築一寬軌支線通至六河溝，此則屬於加築支線之事，影響修改中比借款合同，需時費事。六河溝公司見兩項建議，皆未被採納，乃要求將煤斤運費減低，以資補償。余又告以：煤斤運費，係對各煤礦公司一體待遇；若對六河溝公司予以優待，其他煤礦援例而來，京漢路局難以應付。余告以此事必須從長計議，求得一妥善辦法。

六河溝煤礦公司對余拖延辦法，深表不滿。其股東皆河南紳商，乃商河南籍御史馬吉璋參余及郵傳部左參議陳昭常（後任吉林巡撫）不孚眾望。慈禧太后臨朝，顧謂軍機大臣曰：「該員等既不孚眾望，可即換了。」左右參議遂皆開缺。後查郵傳部尚書陳璧於六河溝公司有利益關係，亦甚望余之去職也。

余「右參議」之缺雖被參革，而京漢鐵路總辦之兼差尚在，余依舊到局辦事。被參之日，適值京漢路「通車」開行之日，余照例在前門總車站照料**（時京漢路上短線客貨車雖日有開行，而南北全線通車每星期只開行一次，通車之日余照例到站照料。）**有人見余依然甚忙，問曰：「既遭參劾，何以全不介意？」彼輩以為右參議革後，京漢路之兼差余必辭也。余笑應之曰：「施某年事尚輕，辦事必求負責。若吾命中尚有前途，則此小小挫折，何足介意。」

後馬吉璋聞余聲譽甚好，自覺「參」錯。乃至余寓道歉，並云：「此事前未查明，致有此誤。」余漫應之曰：「此事已過，不必再提。以後如再參人，宜先查明白，再行參劾。」馬乃無言而去。

余盡職無間，郵傳部見余並無辭意，乃以部令派余為京奉鐵路會辦，余遂離京漢路局。

京奉鐵路於庚子亂後，英人交還中國政府之時，與我方約定：總辦之外，只可派會辦一人，擔任酬應迎送之事。當時部派會辦甚多，皆只有名義，不到任辦事，亦不支薪給。京奉鐵路係由英借款所築，故英方有此要求。部方原亦知有此約，其所以派余前往者，意即使余不能到任也。

令發之後，部方派人問余意向。余告以：「部既派余，余必前往到任。」部方乃又派人問英國銀團態度如何？英方表示：「第二會辦依約本不接受，但此次可為例外，通融辦理。此後不可作例。」余遂於一九〇七年秋赴天津到差，時京奉鐵路總局設於天津也。

余在京奉路局會辦任內，事務清閒，而待遇甚優，（月薪亦為一千銀元，與京漢路局總辦同。）每日到局劃行而已。余每有改進建議，總辦唯唯否否，從不採納。遇有重要事件，亦不與余商議。時總辦周長齡為人圓滑，處事敷衍無心改善路政也。一日「余發現查報站長運費一案內有弊端，告知總辦，宜另查報。總辦束手，託人勸余照原議呈報。此後態度稍改，遇有重要事項，亦與余商議而行。次年，余得濱江關道，遂離天津。

在哈爾濱任濱江關道時期（一九〇八至一九一〇年）

徐世昌總督以濱江關道因事革職，而該處交涉事煩，難得繼任人選，屬望於余。唐少老時任奉天巡撫，亦促余往。（**全銜為吉林西北路兵備道兼濱江關監督**）

余不畏交涉事務之煩難，而畏稅收陋規之弊端，因之陳明總督，須將陋規革除，始允就任。徐督以為難。

當時關道自設官銀號，每將半年內所收稅款待解省城者，放利生息，左右市面，操縱金融，實屬與民爭利，弊端甚大。余主張將一切陋規（包括「平餘」「釐金」等陋規）歸公，另定關道之薪俸公費，而此項革新自濱江關道開始。唐少老力贊此議。

當時濱江關道收入，月近一萬兩。余提議取消陋規後，另定關道薪俸公費每月各四千兩。徐督以為太多。彼云：『陋規』已成習慣，取之無礙。若將『陋規』歸公，而另定薪俸公費為數太大，反而易招參劾。其實際情形，未必為朝野所諒解。而當時總督之薪俸公費，尚無此巨額也。

後經一再磋商，規定關道薪俸每月二千兩，公費二千兩，所有「陋規」全部歸公。另兼木殖局總辦一差，月薪三百盧布，余遂就任。

余決定赴任，偕畢光祖先生同往。釐金方面，先作改革，傅家甸附近有一釐卡，稅收甚多，自余到任，即採用收據連號制度。以往收據，每月用一字號，如正月份以「天」字起號，二月份以「地」字起號，不相銜接。兩月之間，抽出若干號數，瞞報上級，留關中飽。在余任內，所有收據皆號數銜接，款數正確，以絕中飽之弊。

其時哈爾濱治安不良，搶案甚多。時道署在傅家甸，吉林交涉局在道內，（**鐵道以內區域謂之道內。**）余住交涉局內。余上午九時接事，十時交涉局後街即報搶案。同日下午，交涉局附近公園內又有中俄紅鬍子搶劫。（**當地土匪以紅巾裹於槍口之上，謂之紅鬍子。**）余頗感棘手，商之畢先生。畢言：「既來之，則安之。」唯有徐圖治安之道，不可使盜匪當家。

余乃購備軍械，積極訓練衛兵以維治安。東三省兵士騎術素佳，惟兵器不良。余備短「來福」槍，教以槍術，士卒皆能用命。

東三省法律，盜匪若以軍械綁人，官方捉獲，可以就地正法。余先後「正法」百餘人，秩序稍稍安定。在余到任之前，有日人為紅鬍子綁去，余到任後，日領事來請協助。余出告示，限期釋放，否則用兵剿之。日人果被匪釋放。匪有綁妓女者，亦皆得救。於是盜匪散佈謠言：「要綁道台」，余乃撤去儀仗，每有出巡，只以四衛兵持短槍隨行，亦竟無事。

駐哈爾濱領事見余士卒機警，亦請派兵保護。余派衛兵二人，在美國領館保護。服裝槍械由道署配給，薪餉則由美領自備。余到任時，僅美俄日法四國設有領護。（**法國領事為道勝銀行內之法籍職員兼任。**）後英國德國亦設領館。

英國駐哈爾濱領事Sly嘗告同僚云：「此間交涉事項宜多遷就施道台，使其久於其任。施道台若離任，其規模辦法必皆隨之俱去，因其方法甚新，同時之中國官吏不能行其法也。」

哈爾濱關道交涉事項對俄者最煩，尤多主權之爭。因凡在鐵道附近地段，俄人皆認為有行使行政之權。余嘗告俄人：「俄所有者唯路權，只有行車之權，與地方行政管理何涉？」但俄人在鐵道方面既有警衛組織，勢難使其完全就範。余嘗告誡商人：不可向東清鐵路局繳稅，因路局無收稅之權。某次，商人拒繳稅款，竟為路局拘禁兩天。經我方提出交涉，始行釋放。類此地方事件，皆以我方兵力薄弱，應付困難。然皆由於俄方操有路權之弊也。

余深感路權之弊，乃商徐督作收回東清路權之計劃。蓋路權如不在俄人之手則行政方面之諸多掣肘皆可迎刃而解矣。故目前之計在如何從速向中立國家籌借款項以收回之。徐督以為然，乃將余之計劃，屬胡維賢先生備具說帖，呈請政府核辦。時胡先生在總督幕府任漢文文案也。

余在任二十六個月，東三省總督先為徐世昌，後為錫良。濱江關道有往來之上級機關凡五：東三省總督，吉林巡撫，黑龍江巡撫，外務部及稅務處。經辦事務煩而且重，前任後任無一終局者。余以出洋學生久任此職得無隕越者，得力於畢先生者甚大。就任之始，畢先生告余曰：「道署之人，不必多換。『就生不如就熟』只要長官不貪，下屬豈敢舞弊？」前任門房於卸任時，得兩萬盧布可謂驚人。蓋其地人民好訟，每有糾紛輒求官斷。官斷勝訴者，鄉人懸「官批」示眾，從此無人敢侮。門房為收訴狀之故，常得酬金。即此一事，其弊如此。余到任後，未換舊人；而前弊俱去。蓋本人於薪俸公費之外，不納分文額外收入，此亦得力於畢先生「腳踏實地」之教也。

余在哈爾濱經辦重要案件有：伊藤博文被刺案及張勳士兵正法案。

伊籐之案起於美國鐵路大王遊歷東三省之後。當美國鐵道大王哈里曼（**Harriman**），在東三省考察鐵道回美後，美外部即發表東省鐵路中立計劃。此與余前向徐督所提說帖大同小異。俄日兩國聞知此事，頗為憂急，力謀抵制辦法，於是俄派財政大臣日派伊藤博文會於哈爾濱，商議對策。

余查悉伊籐到站日期，及其專車停駐地點後：即派衛隊一排往迎。東清鐵路派衛隊兩排由俄領事率領到站迎候。余因事先得知伊籐下車地位，故中國儀仗隊所立地點較俄隊為接近。伊籐下車時，余與握手寒暄畢，即陪同檢閱儀仗隊。伊籐行過中國隊伍，即與俄國領事周旋，然後檢閱俄儀仗隊。在其檢閱俄隊時，有一高麗人在俄兵兩排之間，日韓歡迎人群中走出，以槍擊伊籐，連放數彈，直至伊籐之頭垂到旁立之俄國財政大臣手臂時始止。旋又以其槍中餘彈兩丸擊伊籐身旁之日本領事，此人臂上受傷，但未致命。高麗刺客旋為俄兵所執，乃連呼高麗萬歲。此高麗刺客即永垂史冊之高麗義士安重根也。

事出，余派人到傅家甸電報局，傳令今日電報只許收存，不許發放。同時電告外務部：在此案調查清楚全案報部之前，請勿發表任何文件。若有人問及此事，政府千萬不可有「保護不周」之道歉語句，貽日人以口實。

余乃到處設法，調查真相。據刺客口供：高麗復仇團對於此事，籌劃多時。彼云：「高麗亡於伊籐之手（時伊籐任駐高麗總督）必置伊籐於死地，以復國仇。」又云：「彼原擬於車到哈爾濱之前軌道轉彎處車行轉緩時，登車擊之。但因一則：不知伊籐專車列於何節，二則：車在中國地段，恐累中國官吏，乃改在車站俄國隊伍中乘間擊之。」余查明此一口供非常確實，乃撰一報告電達外務部。並代撰英文通訊一篇備外務部交《北京日報》英文版發表。俟該通訊在北京刊出之後，余始解傅家甸電報局「扣電」之禁令。其所積壓之各國通訊電稿，乃紛紛發出。故此次中國官方之文報，為此案之最先報導。對於刺客口供記述甚詳，各國報紙爭先轉載。日人查其口供係屬真實，對我報導無法辯駁，故日方對於此案迄無抗議。

另一案為張勳兵士伏法之事。此則關係地方治安，不得不認真辦理。時張勳有兵兩營，駐於吉林東清鐵路之東，頗為跋扈，在民間生事。據報：有張勳兵士四人，向民間索錢，並用私刑如以胡椒水灌鼻之類，欺壓鄉民。事為民間告發，關道為地方官廳，勢需受理。然張勳與慈禧太后左右素有往來聯絡，人多畏憚，駕馭為難。余乃調集證據，請總督府加派法審委員會審，慎重將事。余尚記得當時批語，有云：「不問是兵非兵，但問是匪非匪。」後又行文張勳問此四兵士是否假冒。張勳無已，覆云「假冒」。遂皆正法。此案乃畢先生所辦。其人思慮周詳，文筆圓到。余任內重要公文，皆出其手，時人多稱道之。每謂余以出洋學生而公事熟悉如此，誠屬難能可貴。實皆畢先生之功也。

旋徐督為清廷召入軍機，東省總督由錫良繼任。新督到任，例須甄別。時余方因交涉事件在京未回，錫良促余立即回任。余於回任途中，晉見錫良於瀋陽督署。錫良一見，即曰：「聞濱江關道收入甚豐，是一小上海道。（當時關道缺中以上海關道為最優美）」余答曰：「大帥自州縣官至督撫，經驗豐富，當知官場人言，是否可信。服官之人，皆言賠累不堪，試問有幾人真正賠累。余任關道薪俸公費雖大，但『陋規』一概歸公，自信頗為國家興利除弊。願大帥自行體察。」

錫良言：「余服官多年，未曾聽到如此言論，實屬別緻。」後錫良赴黑龍江巡察，路過哈爾濱，告余：「君官聲甚好，所有改革確於公家有利，應予實授。」余為歷任濱江關道實授之第一人，關任後任皆於署理期中革職也。錫良慮余不滿，又奏余升任吉林交涉使，余謝之。其時余已內定入外務部為右丞，濱江關道即擬交卸矣。時在一九一〇年。

兩宮去世之時，（**光緒帝先一日逝世，慈禧太后後一日。**）哈爾濱謠言甚多。地方官吏循例舉哀數日，余甚慮於地方官吏跪拜舉哀之時，發生民變，擾亂治安。外國人士亦憂慮及此。余乃格外防範，以備萬一。後竟安然無事。

任職外務部時代（一九一〇至一九一一年）

一九一〇年余由濱江關道奏補外務部右丞。

入部後，第一事即為籌辦招待德國太子來華訪問事。德國太子來華聘問，濤貝勒（載濤）奉派籌辦招待事，商外務部派兩人為助，余為其中之一人。

時攝政王當國，其弟載洵、載濤參贊機要，世稱洵貝勒與濤貝勒。洵貝勒籌辦海軍，貪財無度，聲譽甚壞。濤貝勒時任參謀總長，為人正派幹練，余因籌備招待事與之相識，彼對余禮貌周至，諸多優待。並引見福晉

（滿語稱夫人為福晉。濤福晉出自富家，對濤貝勒用度多所幫助，故濤貝勒以清

廉著稱於時。）與余眷屬常有往來。貝勒府每有堂會，余與眷屬常被邀與宴，時人羨之。時濤貝勒府出入無門包俗例，見者直入，尤開風氣之先。皇室中：中時尚有載澤，世稱澤公，辦事認真。肅王亦甚開通，有妹嫁蒙古克拉沁王。倫貝子亦屬新派，喜與正人聯絡，後赴美參加聖路易「萬國賽會」。

余奉派籌備招待德太子訪問事，第一事即在城內覓一王府舊址，加以修繕，立為行轅。濤貝勒遇事與余相商而行，一切順利。惟採購之事，余不過問，由外務部「丞參上行走」廖某任之。廖得缺時，曾以白銀萬兩送尚書那桐為贄敬，時人稱為「萬老爺」。此次廖任採購之事，亦那桐所派，不免手續不清之處。濤貝勒亦知之，曾告余曰：「採購事，不必參預，以保清譽。」余心感之。其時風氣敗壞已久，澈底改革甚難，一般正人唯求獨善其身而已。

余得右丞時，初次見慶王，送贄敬二千兩。（**時外務部管部大臣為慶親王奕劻，尚書為那桐**）門包雙份，各十六兩，一給男僕，一給女僕。（**通常**

門包為卅二兩一份，時王府僕役人多而無薪給，皆賴此以維生。）此在當日，已為極薄之禮儀。

此份贄金，余原不願送。唐少老告余：「慶王開支甚大，老境艱難，且內廷對之諸多需索，難以應付。」余之送禮，在得缺之後，非同賄賂，且為數甚少，當時「丞參上行走」且有送至一萬兩者。余乃勉強為之。

「贄敬」係以紅包先置於袖內，在臨行辭出之前，取出放於桌上。曰：「為王爺備賞。」王爺則曰：「千萬不可。」然後辭出。此亦前清時代之陋規也。

籌辦招待德國太子事尚未辦完，而東三省瘟疫事起，德太子取消訪華之行，余又奉派辦理治疫之事。

東三省瘟疫盛行，據哈爾濱報告，每日死亡率約在百人，而且瘟疫逐漸南行，旅華洋人聞之恐慌。各國人士皆畏與華人往來，北京東交民巷外交團區內，亦限制華人入內。時奧國駐華公使任外交團主席日日促余急謀治疫之策。

余查pneumonic plague在當時尚無治療方法，乃建議外務部籌備「萬國治疫會議」，邀請各國政府指派專家，共研治療之法。

各國收到請柬，紛紛派員來會於瀋陽。美國派名醫Richard Strong自菲律濱來會，並偕Oscar Teague醫師同來。德國派一細菌學家參加，日本派著名鼠疫專家Kitesato來會，日方代表以其聲望甚高，希望能任會長。余以各國與會之名士甚多，難免爭執，乃請政府簡派余為「治疫大臣」，而由余任伍連德醫師為會長，任會議主席。（**時伍連德甫自南洋返國，在京無事。**）在瀋陽開會四星期，一切由中國政府招待。中國方面參加之醫師皆由伍連德邀約，於赴東三省以前，政府代各人保壽險一萬元。有北洋醫學院之法籍教授應約而往，不及兩月，即染鼠疫而死。

治疫會議在瀋陽集議兩週，各國醫師多存觀望，惟美醫Strong主張解剖屍體，作澈底化驗。乃與當地商會商量，取無家屬認領之屍體化驗之。當時死亡甚多，無棺木為殮，只有火葬之一法。但風氣未開，民間反對甚烈，（**凡有家屬認領者由其具領自葬**）乃將凡無家屬認領之屍體，由哈爾濱商會監督，舉行火葬。另由　政府調兵兩營鎮壓，維持秩序。中國平民之行火葬與解剖屍體，自此始。

治疫會議畢，日俄兩國政府紛邀與會人員遊歷大連及哈爾濱各處名勝。中國政府則邀約各員遊歷北京及其附近之名勝古蹟。到京日，由攝政王接見嘉勉，並各贈金牌一枚，以為紀念。外務部並在北京外交大樓邀請女賓，舉行舞會歡迎。北京外交大樓之邀宴女賓，自此始。

余到部後，那桐尚書派余與左丞管庫。余告以：余曾任外官，景況較佳。管庫之事，有額外收入，宜由向任京官兼任，以資調濟。那桐以為然。但仍囑余兼一名義，云庫款與瑣務可由左參議獨任之。余唯畫行蓋印而已。

當時海關上所收「船鈔」「罰款」，皆以三分之一解外務部，存於「庫」中；積存既久，利息亦大。管庫之事實由一「蘇拉頭」（滿語：「蘇拉」為「茶房」）管理之。庫款所收利息，除以一部分為管庫人員之津貼外，每年年節萬壽貢品，以及外務部派赴內廷值日同仁之宴費，皆在其中開銷。此項庫款雖諸多走漏，而至國民政府接收時，尚有現款八十萬元移交南京外交部接收。

余在部時，管部大臣為慶親王奕劻，尚書為那桐，侍郎為胡維德、曹汝霖。慶王向不到部，外賓請見，皆到王府晤談。那桐雖常在部，但於各國使節例會之日，則避不到部。通常外使來見，由尚書，侍郎或丞相接見，由翻譯記錄問答，次日呈送尚書，及管部大臣核閱。

內廷值日，每十日一次，例由尚書侍書侍郎往值。余以經辦事多，亦常被召入軍機處，以備諮詢。部中對余之建議，多所採納。同事相處，亦頗融洽。

余到部約一年。一日，那桐尚書忽召余其官邸議事。余至，寒暄畢，彼出俄國欽差說帖一件，內容係要求濱江關將往年多收稅款及當時盧布作價多收銀兩一百餘萬兩算還。那桐查知係余在濱江關道任內時事，乃與余商談辦法。余告以：「當時海關以吉（林）票黑（龍江）票無定價，乃以一個半盧布作一關兩，庫平則定一點一五盧布為一兩，雖係多收俄人之款，乃當時海關所定之價。且余任內未立『官銀號』，以所收盧布，實數報解黑龍江、吉林兩省。東省總督府有案可稽。此時如須算還，可備文向吉、黑兩省追算。且此案事隔數年，俄方當時既無抗議，在交涉慣例上，實已視同默許。此時抗議，應無效力。」那云：「此時若問吉、黑兩省追算，萬不可能。不如就『默許』一點，備文覆之。」余乃備一說帖覆，此後再無來文。余當時頗回味畢光祖先生「腳踏實地」之論。大凡辦事，當時若能「腳踏實地」事後便可永無糾紛，而心境常有泰然之樂。

當時外務部尚有一機要股，負責辦理《北京日報》之英文稿件。緣當時外務部常有駁斥人之言論，不欲由外部出面，乃在該報發表議論駁斥之。該股人士在名義上，不屬於外務部，經費由由外務部負責。吾友顏駿人專辦此事。

機要股所撰文稿多在《北京日報》英文版發表（**Peking Daily News**）。華文《北京日報》原為朱淇所有，因之英文版亦歸之。惟代表政府發表官方之社論而已。

四川民變發生時，英使朱爾典得到消息，約見慶王，云：「有緊急事件求見。」是日為星期日，約定下午四時晉見。慶王以電話約余於下午三時以前先到王府一談。余至，慶王詢問外務部近日有何緊急事件？余擇重要者逐一言之。王云：不像。及朱來見，云得四川領事報告，革命情形非常嚴重，要求王爺派兵鎮壓。後形勢擴大，「武昌起義」遂乃隨之而起矣。

在朱爾典未到之前，慶王言蒙古對俄交涉異常難辦，擬調駐海參崴總領事畢桂方（**滿人原名桂芳後加一畢字為姓**）往任駐科布多辦事大臣。海參崴地方亦屬重要，囑余保薦熟悉對俄交涉之人接任。彼明日上朝時，奏請以上諭發表。余心中欲薦哈爾濱關道任內之法審委員主任徐時震（**字松山**），但一時想不起徐之官名，只記其號。上諭不能以別號發表，故覆告慶王：明日到部時，查保一人。慶王云：此事甚急。明日天明上朝時，即須奏保。及英使朱爾典辭出後，「慶王又促余即薦一人。余不得已，乃薦陸士元。陸雖亦曾任哈爾濱法審委員，但其才力經驗皆遜松山遠甚。因余是晨得陸之信，故對陸名印象深刻。海參崴地位衝要，素稱優缺，令發之後，人皆知陸為余所保薦，各方多有微詞，實皆不知當時情形如是也。後畢桂方他調，余乃薦徐時震繼任駐科布多辦事大臣。徐不久在科布多病逝，殊為可惜。人生遭遇，得失禍福，有非意料所及者，此事殆為一例。

一九一一年（**宣統三年**）余以外務部左丞，簡放出使美日秘國大臣。未及赴任，而民國改元，遂留京。

民初居京時代（一九一一至一九一四年）

宣統三年，余以外務部左丞簡放出使美日秘國大臣，未及赴任，而民國改元，遂留京閒住。

及孫大總統退職，袁項城就任總統，唐少老出組第一任內閣時，少老邀余入閣，任交通總長，在財政總長熊希齡未到任前，兼署財政總長。在組閣之初，少老備極辛勞，百凡蝟集，尤多府院間調停折衷之事，少老囑余為助，奔走應付。未久，余病，遂辭職，居京養病。

當第一次內閣組成時，少老問袁項城：「新政府採何制度？係總統全權制，抑內閣責任制？」袁答曰：「總統內閣，相助而行，不分彼此。」

談話歷兩小時。當時南方代表參加者：有蔡元培、宋教仁諸先生，皆主責任內閣制，其中尤以宋教仁最為激烈。余看當時辯論情形，知南北合作，斷難圓滿。此後宋乃游說各省，號召組織政黨內閣，雖寓有政治教育之意義，而袁則深畏忌之，袁見宋為人剛直鋒利，議論動人，既不可以利誘，又不可以威脅，乃於民國二年（一九一三年）三月使人刺死於上海滬寧車站。袁不能容宋，而又出此下策，為當時清議所鄙棄，於其聲望，影響甚大。

余病愈後，簡放駐美全權公使，以議院反對，未能通過。余遂奉派為總統府大禮官，時民國三年也。

其時袁項城接見外賓，向由蔡廷幹任翻譯。蔡文學根柢甚好，但譯詞不盡忠實，往往逢迎袁意，以為出入。

袁於攝政王當政之初，退休故里。及武昌起義時，攝政王又召之出山。袁到京時，偕蔡廷幹訪英使朱爾典，詢問英方對其本人出山之態度。英使答云：

"Any government wifh you as its head, the British govern ment will supports."

蔡譯為「閣下如為政府元首，英國政府無不支持」。袁當時誤會此「元首」有皇帝之意，彼如稱帝，英願支持。實則英政府為內閣制，政府元首即閣揆也。袁氏稱帝之野心，於此乃益增強。

袁氏翻譯，換一饒某。某次袁見美籍顧問古德諾（Frank Goodnow曾任美國Johns Hopkins大學校長）詢問對於憲政之意見。古不明袁意所在，因之彼此問答，全不接頭。袁乃召余入府，兼任譯事。此後袁見外賓，皆由余為之傳譯。唐少老曾告余曰：「袁項城野心稱帝，徵詢各方意見。傳譯之時，務要留心。」余乃格外謹慎為之。每次接見外賓，問答之辭，皆備說帖，仿照往日在張文襄（之洞）幕府之例，以備稽考。聞某次與顧問談話說帖，為梁燕生（時任總統府秘書長）改易數字以進，以暗示古德諾亦贊成帝制。實則古為人正直，決不就袁意為言也。

當時袁氏之外籍顧問與余頻有往來，時時交換意見，頗增閱歷。日籍顧問有賀長雄（**Nagao Ariga**）與余亦交好，彼對各國外交政策每有評述，彼言：美國外交運用最為笨拙，遠不如歐洲外交運用之自如靈活。云云。此蓋由於美國立國未久，地大物博，既未久遭憂患之苦，而民性又淳樸直率之故也。

時對英交涉事繁，袁項城對駐英公使劉玉麟不滿，意欲易之，而屬望於沈瑞麟（**時駐奧公使**）陸徵祥及余三人。適英使朱爾典因事來見，袁就商之。朱使表示：英方願得一閱歷較廣而又於英美政情較為熟悉者任之。余遂受命為駐英國全權公使，於是年（**一九一四**）十二月八日抵倫敦任所。此任七年，直至一九二一年始調任駐美公使赴就任。

跋

陳之邁

民國四十九年正月，我忽然收到施植之（肇基）夫人自香港寄來一冊書，名為《施植之先生早年回憶錄》，封面上有胡適之先生的題簽，右旁有施先生全身畫像，深得施先生的神采，惜未標明是何人所畫。施先生曾為此書寫一篇簡短的自序，說明胡適之先生曾勸他寫自傳，他遲遲未曾著筆。晚年他在「茶餘飯後之暇」追述往事，由傅安明（安）先生筆記下來，「以存掌故……於余身後付印，分贈友朋，聊供玩賞。」書首另有胡先生的一篇序文，說明傅安明先生筆記施先生的口述，到民國四十三年秋天，施先生大病之後，記憶力衰退，不能繼續。所以這本書所敘之事只到民國三年施先生第一次出任駐英公使之時為止。施先生生於清光緒三年（一八七七年），因此此書所記的是施先生生命中前三十七年之事。施先生享壽八十歲，他在我國外交上負重要責任之時期，是在民國三年到民國二十六年之間。可惜他在這二十三年間的事蹟沒有能夠記錄下來。

民國五十一年，我又收到施夫人自華盛頓寄來《施植之先生早年回憶錄》的英文譯本一冊，英文題目為"Sao-Ke Alfred Sze: Reminiscences of the Early Years"，譯者為Amy C. Wu女士。我曾將譯文細校一遍，深佩其譯筆忠實流暢。譯本除了包括施先生的自序和胡先生的序文外，並加了美國人洪貝克博士（**Dr. Stanley K. Hornbeck**）所撰一篇序文。洪貝克博士在清末留華多年，擔任浙江高等學堂教職，著有幾本關於遠東國際關係的書籍，傳誦一時。他後來擔任美國國務院遠東事務司司長，前後十二年。民國三十三年出任美國駐荷蘭大使。民國三十六年退休，在華盛頓居住，從事著作，多次撰文從國際公法觀點說明美政府不應承認中共政權，頗為美國朝野所重視。洪貝克博士與施先生公私交誼既久且深，由他作序是很適宜的。可惜這篇序文很簡短，除了讚揚施先生的家世及為人外，未及其他方面；大約是因為限於本書的內容。

傅安明先生任職於我國駐美大使館多年，是施先生的部下。第二次世界大戰後他辭卻了大使館的職務，留居美國。他能夠根據施先生的口述，寫成這本書，是值得我們稱頌和感謝的。

傅先生從事此一工作時，我也在華盛頓。當時我也有意在駐美大使館的檔案中收集中美關係早年的資料，作些研究。駐美大使館館舍當時設於華盛頓西北區第十九街一〇〇一號。這所房子是清光緒二十三年（**一八九七年**）伍廷芳先生任駐美公使時所建築的。早年的檔案都保存在那裡，雖然很散亂，費些時間氣力總可以整理出來。因為施先生遠在清光緒十九年（**一八九三年**）即到華盛頓擔任楊子通（**儒**）欽差大臣的翻譯學生，其後兩度任駐美公使，且為駐美第一任大使，最值得研究。我的計劃是先就檔案中關於施先生的部分整理出一個大綱，然後逐項向施先生請教補充他本人的經歷和感想。當時我曾簽請顧少川（**維鈞**）大使招聘兩三位留美學生在暑期中協助我從事這項工作。不料駐美大使館在民國三十六年遷移到華盛頓西北區麻省大道二三一一號。這次館址的遷移是很有理由的，因為大使館原址經過五十年的使用已陳舊不堪，附近一帶也頗形破落，而麻省大道正是各國使館林立之區，新的館舍雖非自建的，卻是一位富豪過去的寓所，內外均相當的堂皇。但是在這次大使館的遷移中所有的舊檔一律裝入巨大的木箱中，搬到新址後堆在地窖裡，雜亂無章，什麼都找不到了，因此我的研究計劃也就根本無從實現了。

民國二十年九月十八日瀋陽事變爆發，我國駐美公使館可以說是在一種真空狀態之中。當時中國駐美公使出缺，由參事嚴鶴齡先生任代辦。嚴先生本是很有能力的，不幸他那時體弱多病，應付忽然劇增的館務頗感力不從心。為了應急起見，他有意在留美學生中物色幫忙的人。我那時在紐約哥倫比亞大學研究院肄業，已通過博士口試，正在寫作論文，照哥倫比亞大學的制度，論文初稿教授是不予指導的，用意在訓練學生自己摸索，尋找材料。華盛頓的國會圖書館可以利用，且遠較哥倫比亞大學圖書館為佳。我於是抱著青年人「讀書不忘救國，救國不忘讀書」的一片熱誠，應徵到公使館工作，預備在國會圖書館附近租一間房間住下來，日間到公使館工作，夜間到圖書館研究。我是清華官費留美學生，我到公使館工作的計劃很順利的獲得當時清華留美學生監督趙元任先生的准可，於是我便在民國二十年的初冬到了華盛頓。

我到公使館報到，接見我的是一等秘書龔安慶先生。龔先生任職民初外交部，和我父親同事，我幼年時曾見過他，並且和他打過幾次網球，所以他接見我時倍覺親切，使我頓時消失了初次進入官府的驚惶。龔先生告訴我，我在公使館的名義是甲種學習員，工作是譯電和抄字，每月報酬美金六十元。我那時仍然可以照領清華官費每月美金八十元，在美國經濟不景氣的情況下，物價狂跌，每月有一百四十元的固定收入，已是相當充裕的了。我的辦公室在館舍後面一間黑暗的房間裡，同在那裡辦公的，一位是主事盧心畬先生，一位是美籍打字員馬沙郎夫人（Mrs. Ethel Marceron）。盧先生是廣東人，專辦中文文牘，在館服務已有多年。我初到時承他多方指導，尤其是教我如何譯電，使我衷心感激。

國難當前，駐美公使館這個空虛局面是應當急謀糾正的。果然在民國廿一年的早春，國民政府便任命施植之先生為駐美公使。施先生那時五十五歲，正當壯年，但是在我國外交界中已是一位耆宿。他曾遠在民國三年擔任過駐英公使，在倫敦渡過第一次世界大戰危疑震撼的局面。他是我國出席凡爾賽和平會議的代表，曾協同陸徵祥、顧少川、王儒堂（正廷）等先生力爭山東主權，並且是主張拒絕簽署凡爾賽對德和約的一人。五四運動時我才十一歲，沒有資格參加，但是對於當時力爭國權的幾位外交大將，包括施先生在內，我早已衷心仰慕。施先生在代表我國出席凡爾賽會議後不久即調任駐美公使（民國十年），並在是年擔任我國出席華盛頓會議首席代表，為爭取不平等條約的廢除，為國家立下了許多汗馬功勞。代表我國出席華盛頓會議，簽訂《九國公約》，是施先生外交生活裡一個最高峯，當時協助他的美國教授韋羅璧曾著專書將會議經過詳細記錄下來（**W. W. Willoughby: "China at the Conference", The Johns Hopkins Press,**

一九二二）。施先生在華盛頓會議的輝煌成就使得北洋政府國務總理張紹曾延攬他為外交總長，他在民國十二年初回國擔任此職，但只署理了三個多月，在是年四月間又回任駐美公使之職。他這次擔任駐美公使至民國十八年，前後有八年之久，事後我曾多次聽他在茶餘飯後談及他的經驗。北洋軍閥時代，內戰連年，政府不斷的更迭，究竟政局怎樣演變誰也弄不清楚，駐在國政府和人民來詢問時往往無從作答。程天放先生的《使德回憶》裡有一段說：「北京政府時代造成了一批職業外交官，這些職業外交官向來認為外交是他們的天下，不容旁人插足……中國傳統的外交官是不講思想，不談主義的。他們認為外交官只要對外交涉奉命行事就夠了。國內政爭……在他們看來是和外交官毫無關係的事。」（**《傳記文學》第八卷第四期**）。

施植之先生正是北京政府時代的外交官。他奉命出使英美，擔任中國的代表。他個人講不講思想，談不談主義，是另一回事。在國際公法上他的地位是中國元首的代表，在北京政府時代也就是袁世凱、黎元洪、曹錕、徐世昌、張作霖這些「中國元首」的代表。這是外交體制上的事實。他可以不幹駐外公使，讓這些軍閥派他們的嘍囉馬弁出使外國。他不忍出此而使中國在世界上丟人，所以他幹了。他既幹了他就不能掛著「袁大總統」代表的名義在英美活動討袁，他也不能在英美反對曹錕賄選，或對直奉戰爭有所偏袒。他的內心是痛苦的，沉重的，但是我們應當感謝他們，在這個大混亂時代，仍然有他們這樣的人在國外支撐一個比較像樣的局面。北京政府時代駐外使館時常不能依時領到經費，館長就得盡力解決館員的生活，使館的開門七件事也得維持。這都不是容易的，也虧得有施先生這樣的人才使駐外機構不至於關門。程先生的外交生活比北京政府時代外交官的生活幸運多了。他代表的是國民政府，是有主義，有政策，穩定的，不欠薪的國民政府，他代表的是蔣主席、林主席，所以他的問題簡單得多了，因此他可以放手做去。其實北京政府時代的職業外交官國民政府亦多有擢用：顏惠慶、施肇基、郭泰祺、顧維鈞、鄭天錫、錢泰等先生，在國民政府時代都曾任過駐外使節。除了逝世的和年老退休者之外，在對共黨的鬥爭中他們也曾出過大力，顧維鈞先生就是一個顯例。可見程先生對他們的責備不見得公平。

民國廿一年，國民政府調派施先生重任駐美公使。我們聽到這位資歷湛深，德高望重的人來主持對美外交，真是高興極了，何況國民政府在發表施先生為公使之後又連續發表一批得力的館員，先後來到華盛頓，第十九街的陳舊館舍頓時活躍起來，顯得蓬勃而有生氣，來策應眼前的國難危機。

施先生到任之初，第一件事是分別接見館員，連我這個甲種學習員也單獨召見。這是我第一次見到施先生，也是生平第一次晉謁大官，心情真是緊張極了。我進入他的辦公室見到的是一位頭髮有些斑白，帶著深度眼鏡，兩手有點抖顫的忠厚長者。他用英文對我說話，大約是測驗我的英文程度。他首先對我說他和我父親是同事，老朋友（**其實他任外交總長時我父親在外交部任秘書，應該是他的部下**），然後問到我父親的近況和健康，可見他召見我前已經將我的來歷弄清楚了。他繼續對我說，今後我可以不必再做譯電和抄字的工作，我既通曉英文，又受過高等教育，可以改在新任一等秘書夏晉麟先生指導下做對外工作，尤其是草擬對外的函稿。我擔任這項新工作幾個月後，施先生又召見我，說我的工作做得不錯，故已向外交部保舉我為三等秘書，並且已親函外交部長羅文榦先生推薦。他說明他此一舉動是中國外交界培植後起人才，並不是因為我父親的關係。施先生這個推薦使我既感激又惶恐，因為從甲種學習員到三等秘書是躍升四級，中間還隔著主事和隨員兩個階段，照通常的例規，每兩年遞升一次，也要六年時間。

隔了幾個星期，南京外交部的批示來了。我資格不夠，不能任三等秘書，也不能任隨員，只能任主事。施先生收到外交部命令後對我說，主事的地位太低，且不在外交編制之內，逐級遞升太費時間，不宜接受。我接受他的勸告，不久便離開公使館，於完成學業後返國，到國立清華大學教書去了。施先生第二度任駐美公使，至民國二十四年，公使館升格為大使館，施先生被任為大使，至民國二十六年五月全面抗戰開始的前夕。他卸任後返回上海居住，從事社會事業。他是時已年登花甲，他的志願該是從此息影林泉，貽養餘年了。

中日戰爭的爆發使中美關係日益密切，美國《租借物資法案》成立後，事務尤為繁重。中國政府為了使各項物資能夠源源輸入起見，曾在華盛頓設立中國物資供應委員會，英文名稱為China Defence Supplies，簡稱C. D. S.，由當時外交部長宋子文先生主持。民國三十年並聘施先生為該會副主任委員。施先生乃於是年六月再度到華盛頓擔任這項繁重的工作，一直到該委員會在民國三十六年裁撤為止。在這個期間，施先生又在民國三十四年春被政府聘任為中國出席國際組織會議（通稱為金山會議）代表團高等顧問。這個代表團共有代表十人，以外交部長宋子文先生為首席代表，其他九位代表則為政府高級官員，各黨派代表和社會賢達。此外代表團有高等顧問一人，就是施先生。國際組織會議的唯一任務在製訂《聯合國憲章》，六月間各國代表在《憲章》簽字後即行散會。民國三十六年，供應委員會裁撤，施先生復於翌年應聘為國際復興開發銀行顧問委員會委員，至民國三十九年退休，即在華盛頓留居養老。那時他已是七十三歲的高齡了。

我在民國三十三年六月，奉派任駐美大使館參事。我自戰時重慶飛到華盛頓後即去拜見施先生。那時他的住所在西北區第十六街二四〇〇號公寓中。施先生和施夫人見到我都非常高興，立即留我晚飯，從詳詢問我們別後十二年的狀況。在這十二年中我們沒有通過信，但是施先生竟知道我在清華和北大教的是中國政府的課程，並且知道我在行政院所經辦的是地方行政的案件。施先生對我說：「我聽到這些消息，以為你已放棄外交這一行了。現在你既又回到這一行，我感到很大的安慰。你在內政上有些經驗，對外交工作是很有補助的。我認為當年勸你回國是不錯的。」我在此後十一年中住在華盛頓，經常有空便去看看他老人家，幾乎每次他都和我侃侃而談，偶而留我晚飯，飯後打打橋牌消遣。在這幾年中我們所談的自然是國內國外的時事，他對於戰後的復興，共黨的作亂，美國對華政策等等自然十分關心。但是他的談話有一個極堪注意的特點，那就是他絕對不問及我在大使館和出席聯合國代表團工作的內情。在這一段期間中，駐美大使是顧維鈞先生，聯合國代表是蔣廷黻先生。我所擔任的是襄贊這兩位長官的工作。施先生不問大使館和代表團的內情，據我看來，有兩個原因。第一，他已脫離政府工作，不在其位，不謀其政，所以他從來不批評政府及政府官員的利弊得失，他絕不亂出主張，不發牢騷，更不罵人。這並不是他對國事漠不關心，只是因為以他豐富的經驗深知外交的事務幾乎每一件都有其錯綜複雜的背景，而且都有其機密的部分。他既已不負實際責任，就不能盡量明瞭這些內情，單憑看報就濫發議論，批評指摘，不是無的放矢便是有所偏差。第二，他深知我是外交官員，關於我所經辦的事，對外有保密的責任。他雖然不能認為是純粹的外人，但他倘問我什麼事我不作答既然不妥，我作答則又使我有虧我的職守，所以最好是不問。他這種態度是幾十年來從事外交工作所得來的修養，這個大原則在我們數十次的談話中他始終信守不渝，這真是令人衷心佩仰的。

施先生一生最大的福氣是他有一位賢淑美麗的夫人——唐鈺華女士。

他們是在光緒三十一年（一九〇五年）在上海結婚的，其後五十年相伴，夫婦的感情老而彌篤。在這漫長的歲月中，施夫人於主持家務之外，在倫敦、在華盛頓的社交中都有適度的活動，一方面輔助施先生廣交駐在國的人士，應酬交際，一方面則做得恰如其分，不窮酸，也不奢侈，處處顧慮到國家所居的地位，所有的社交場合絕不以毫華炫耀於人，而同時又使參加者有快樂親切之感。在這些方面施夫人的成就是卓越的，在華盛頓有口皆碑。施先生夫婦生有二子四女。長公子思明在英國習醫科，學成後到美國，受聘為聯合國秘書廳醫務官，一直沒有間斷直至今日。次公子棣生在美國某商務公司任事。四位女公子我不大熟悉，只知長女公子蘊珍（英文姓名為Mai Mai Sze），曾將《芥子園畫傳》譯成英文，並作了一篇很長的介紹中國繪畫哲學背景的論著，於民國四十五年在美國出版。這部論著單獨印成一冊，《芥子園畫傳》的譯本另成一冊，兩鉅冊合成一函，統稱《畫道》（"The Tao of Painting"），印刷特別精美，並且有幾張中國畫的影印插圖，附在書內。可惜這些插圖只採自美國各博物館美術館的收藏，故宮的精品未被採用。近聞這部書已翻印為紙皮本（**paperback**），以廣流傳。

施先生的生命中經過我國近代歷史上幾次的鉅變：辛亥革命、軍閥內戰、北伐成功、對日抗戰、共黨叛亂。除了大陸變色時他已經退休以外，其他的鉅變他都直接或間接參與，而且在危難之中有其貢獻。他之所以能夠有此成就，據我看來，應當歸功於他為人處事的態度：鎮定、周密、實際，而且處處以大體為重，不計較個人的利害得失。這本書裡敘述他早年的經歷，有兩件事最值得注意。第一件是他自述擔任京漢鐵路總辦革除積弊的事，他說：「余到任後第一事，為取消免票制度。有官吏來索免票者；余皆於個人薪俸中購票贈之……因之索者逐漸減少。增加路上收入甚多。」他在說這個故事時並且解釋稱：「時總辦薪俸甚豐，月有一千元。」其實薪俸的多少與這件事沒有直接關係，因為高薪只能說明他有經濟能力為官吏買車票，並不能說明他肯從薪俸中拿出錢來為官吏買車票，而且我們很可以想像得到，向京漢鐵路討免票的官吏中尚有薪俸比施先生還高的。這本書中另外一件值得注意的事是施先生在哈爾濱處理朝鮮志士安重根刺殺伊藤博文一案的經過。他說：「事出，余派人到傅家甸電報局，傳令今日電報只許收存，不許發放。同時電告外務部：在此案調查清楚全案報部之前，請勿發表任何文件。若有人問及此事，政府千萬不可有『保護不周』之道歉語句，貽日人以口實……余乃到處設法，調查真相。據刺客口供：高麗復仇團對於此事，籌劃多時……必置伊藤於死地，以復國仇……余查明此一口供非常確實，乃撰一報告電達外務部，並代撰英文通訊一篇……俟該通訊在北京刊出之後，余始解『扣電』之禁令……故此次中國官方之文報，為此案之最先報導……日人查其口供係屬真實，對我報導無法辯駁，故日方對於此案迄無抗議。」

施先生處理這件突然發生而含有重大政治意味的案子，手法的高明，結果的圓滿，委實令人驚奇。那時他僅是三十歲出頭的人而能在遇到急變之時如此鎮定，好像早有計劃似的一步一步做去，終於達到使日本人不能乘機向我國責難的目的，正是他過人之處。

施先生從事外交工作數十年，但他不是一位所謂風雲人物，許多大事經過他手好像都顯得平淡無奇，一件一件的處理過去，聽不到他慷慨激昂的呼聲，他所努力所得的結果也不令人有拍案驚奇之感。他辦外交就好像栽培花木一樣，經常的照顧，澆水施肥，到時便會開花結果。欣賞花果者未必知道誰是栽培者，但栽培者是存在的，被欣賞的花果就是他存在的證明，用不著「多著痕跡，以取干名釣譽之譏」（**施先生所作本書自序語**）。國人幾乎人人知道顧少川先生在凡爾賽和會中的精彩表演，然而現在很少人憶及施植之先生是華盛頓會議我國的首席代表。但是施先生的功勞是有記錄的。在這些記錄裡施先生的姓名雖然不常出現，他為國家爭到的利益則是人所共知的。我們很僥倖能夠讀到他生命中前三十七年的簡略記述，我們在讀完這本小書之後，似乎應當從中國現代外交史中去追尋他生命中後四十三年的事跡，然後我們就能夠明瞭我國廢除不平等條約早年奮鬥的經過，並且可以看到今日中美合作前賢所奠立的基礎。

附錄一

歷任我國駐美公使大使一覽表

陳之邁編

公使陳蘭彬	清光緒四年（一八七八年）至清光緒七年（一八八一年）助理公使閎
公使鄭藻如	清光緒七年（一八八一年）至清光緒十二年（一八八六年）
公使張蔭桓	清光緒十二年（一八八六年）至清光緒十五年（一八八九年）
公使崔國因	清光緒十五年（一八八九年）至清光緒十八年（一八九二年）
公使楊儒	清光緒十八年（一八九二年）至清光緒廿三年（一八九七年）
公使伍廷芳	清光緒廿三年（一八九七年）至清光緒廿八年（一九〇二年）

公使梁誠	清光緒廿九年（一九〇三年）至清光緒卅三年（一九〇七年）
公使伍廷芳	清光緒卅四年（一九〇八年）至清宣統元年（一九〇九年）
公使張蔭棠	清宣統元年（一九〇九年）至民國二年（一九一三年）
公使夏偕復	民國三年（一九一四年）至民國四年（一九一五年）
公使顧維鈞	民國四年（一九一五年）至民國十年（一九二一年）
公使施肇基	民國十年（一九二一年）至民國十八年（一九二九年）
公使伍朝樞	民國十八年（一九二九年）至民國廿年（一九三一年）
公使顏惠慶	未到任　嚴鶴齡任代辦
公使施肇基	民國廿二年（一九三三年）至民國廿四年（一九三五年）
大使施肇基	民國廿四年（一九三五年）至民國廿六年（一九三七年）
大使王正廷	民國廿六年（一九三七年）至民國廿七年（一九三八年）
大使胡適	民國廿七年（一九三八年）至民國卅一年（一九四二年）
大使魏道明	民國卅一年（一九四二年）至民國卅五年（一九四六年）
大使顧維鈞	民國卅五年（一九四六年）至民國四十五年（一九五六年）
大使董顯光	民國四十五年（一九五六年）至民國四十七年（一九五八年）
大使葉公超	民國四十七年（一九五八年）至民國五十年（一九六一年）

大使蔣廷黻	民國五十一年（一九六二年）至民國五十四年（一九六五年）
大使周書楷	民國五十四年（一九六五年）……

這張表是我早年在駐美大使館任職時從大使館檔案中整理出來的，後來館舍遷移，檔案裝箱，未能詳為核對。清代及民初的人物背景也沒有能夠查考清楚，尚祈史學界的朋友予以補充，則不勝感幸矣。

陳之邁附記

附錄二

施肇基十項原則宣言

一九二一年十一月十二月，華盛頓會議正式開幕，美國國務卿許士（Charles Evans Hughes）提出中國門戶開放及廢除關於遠東之祕密條約等主張，十一月十六日中國代表施肇基亦提出十項原則宣言。

主要內容：

第一條，甲、各國約定尊重並遵守中華民國領土完整，與政治上行政上獨立之原則；乙、中國自願聲明，不以本國領土、或沿海地方、無論何處，割讓或租借於無論何國。

第二條，中國贊同門戶開放，即所謂有約各國工商業機會均等主義，故自願承認，並實行，此主義於中華民國各地方，無有例外。

第三條，為維持並增進彼此間信任，及太平洋與遠東和平起見，各國倘不先期通知中國，俾有參加之機會，不得互訂直接有關中國或太平洋與遠東和平之條約或協約。

第四條，無論何國，在中國、或對於中國、要求之特別權利、優越權、特免權、暨一切成約，不論其性質若何，契約根據若何，均當宣布，凡此等特權，未經宣布，概作無效。其現已知悉，或應行宣布之特別權利、優越權、特免權、暨一切成約，應於審查，以便確定其範圍與效力。其經審定有效者，亦應使之不相抵觸，並與本會議宣布之原則相合。

第五條，凡中國現受政治、行政、司法行動自由之限制，應即時廢止，或按照情勢所許廢止之。

第六條，中國現時之成約，其無限期者，概須附以確定之期限。

第七條，為解釋讓予特別權力、或優越權力、之文據，應依照通行之解釋原則，以有利於讓與人嚴格解釋之。

第八條，將來倘有戰爭，中國不加入戰團，應完全尊重中國中立之一切權利。

第九條，應訂立和平解決條文，以便解決太平洋與遠東之國際爭議。

第十條，應設立討論太平洋與遠東國際問題之會議，以便隨時召集，並為締約國決定共同政策之基礎。

施肇基十項原則宣言（英文）

In view of the fact that China must necessarily play an important part in the deliberations of the Conference with reference to the political situation in the Far East, the Chinese delegation have thought it preper that they should take the first opportunity to state certain general principles which, in their opinion, should guide the Conference in the determinations which it is to make. Certain of the specifie applications of the principles which it is expected that the Conference will make it is our intention later to bring forward, but at the present time it is deemed sufficient simply to propose the principles which I shall presently read.

In formulating these principles the propose has been kept steadily in view of obtaining rules in accordance with which existing and possible future political and economic problems in the Far East and the Pacific may be most justly settled and with due regard to the rights and legitimate interests of all the powers concerned.Thus it has been sought to harmonize the particular interests of China with the general interests of all the world.

China is anxious to play her part not only in maintaining peace, but in promoting the material advancement and the cultural development of all the nations.She wishes to make her vast natural resources available to all peoples who need them, and in return to receive the benefits of free and equal intercourse with them.In order that she may do this, it is necessary that she should have every possible opportunity to develop her political institutions in accordance with the genius and needs of her own people.China is now contending with certain difficult problems which necessarily arise when any country makes a radical change in her form of government.

These pfroblems she will be able to solve if given the opportunity to do so. This means not only that she should be freed from the danger or threat of foreign aggression, but that, so far as circumstances will possible permit, she be relieved from limitations which now deprive her of autonomous administrative action and prevent her from securing adequate public revenues.

In conformity with the agenda of the Conference, the Chinese Government proposes for the consideration of and adoption by the Conference the following general principles to be applied in the determination of the questions relating to China:

1. (a) The Powers engage to respect and observe the territorial integrity and political and administrative independence of the Chinese Republic.

   (b) China upon her part is prepared to give an undertaking not to alienato or lease any portion of her territory or littoral to any Power.

2. China, being in full accord with the principle of the so-called open door or equal opportunity for the commerce and industry of all nations having treaty relations with China, is prepared to accent and apply it in all parts of the Chinese Republic without exception.

3. With a view to strengthening mutual confidence and maintaining peace in the Pacifice and the Far East, the Powers agree not to conclude between themselves any treaty or agreement directly

affecting China or the general peace in these regions without previously notifying China and giving to her an opportunity to participate.

4. All special rights, privileges, immunities or commitments, whatever their character of contractual basis, claimed by any of the Powers in or relating to China are to be declared, and all such or future claims not so made known are to be deemed null and void.The rights, privileges, immunities and commitments, not known or to be declared are to be examined with a view to determining their scope and validity and, if valid, to harmonizing them with one another and with the principles declared by this Conference.
5. Immediately or as soon as circumstances will permit, existing limitations upon China's political jurisdictional and administrative freedom of action are to be removed.
6. Reasonable, definite terms of duration are to be attached to China's present commintment which are without time limits.
7. In the interpretation of instruments granting special rights

or privileges, the well-established principle of construction that such grants shall be strictly construed in favor of the grantors, is to be observed.

8. China's rights as a neutral are to be fully respected in future wars to which she is not a party.
9. Provision is to be made for the peaceful settlement of international disputes in the pacific and the Far East.
10. Provision is to be made for conferences to be held from time to time for the discussion of international questions relative to the pacific and the Far East, as a basis for the determination of common policies of the Signatory Powers in relation thereto.

（見W.W. Willoughly, *China at the Congerence* ,PP.33－35）

附錄三

施肇基自定年譜

一八七七年　四月十日（**清光緒三年丁丑夏曆二月二十七日**）生於江蘇省震澤鎮之純孝里。

一八八六年　（**光緒十二年**）入南京妙香庵江甯府立同文館肄業一年。以在南京患濕氣病，轉滬就學。

一八八七年　（**光緒十三年**）入上海梵王渡聖約翰書院肄業三年。

一八九〇年　在上海入胡維賢先生主辦之國文學院，專習漢文兩年。

一八九三年　（**光緒十九年**）隨出使美日秘國大臣楊儒赴美，任駐美使館翻譯學生。是年八月抵華盛頓任所。公餘，在美京市立中心中學（**Central High School**）讀書。

一八九七年　（**光緒二十三年**）伍廷芳繼任出使美日秘國大臣，留任為隨員。是年夏，畢業於中心學。辭使館隨員職務，赴綺色佳城（**Ithaca**）之康乃爾大學（**Cornell University**）就學。

一八九九年　秋（**光緒二十五年**）出使俄國大臣楊儒奏調為駐俄使館隨員，並派赴海牙，出席「弭兵會議」任中國代表團參贊官。

一九〇〇年　秋赴美，回校續學。次年**一九〇一**年在康乃爾大學畢業，得文學士學位。

一九〇二年　修畢康乃爾大學文學碩士學位。是年夏，返國，任湖北撫署洋務方案，兼西北路中學堂監督，湖北省留美學生監督。冬，率領第一批湖北省公費學生赴美。

一九〇三年　陪同精琪教授（**Prof. J. W. Jenks**）回國，考察幣制，分赴各省調查幣制實況。是年冬，率領第二批鄂籍公費生赴美。

一九〇四年　任湖廣督署洋務方案，兼銅元局董事等七差。經辦　魚套釐金案。

一九〇五年　隨端方戴鴻慈「憲政考察團」赴歐美考察憲政。回國得「異常保舉」，在軍機處以道員存記，儘先補用。是年十月一日，與中山唐傑臣先生之長女鈺華女士在上海結婚。鈺華生於一八八六年二月二十四日（**光緒十二年丙戌夏曆正月二十一日**）。

一九〇六年　署郵傳部右參議，兼任京漢鐵路局總辦。是年九月應政府考試，得最優等法政科進士。

一九〇七年　調任京奉鐵路局會辦。

一九〇八年　派署吉林西北路兵備道，兼濱江關監督，加參領銜，兼吉林木殖局總辦。在任二十六個月。是年四月五日長子耿元（字思明）生於天津。次年十二月二日長女蘊珍生於天津。

一九一〇年　升任吉林交涉使，旋調任外務部右丞。

一九一一年　（**宣統三年**）轉外務部左丞，旋簡放出使美日秘國大臣，未及赴任，而民國改元。

一九一二年　（**民國元年**）三月唐紹儀組閣，特任為交通總長，兼代財政總長。旋因病辭職。病愈後，任總統府大禮官。是年十月十五日次子聰元（**字棣生**）生於北京。次年七月三十日次女瑞珍生於天津。

一九一四年　（**民國三年**）至一九二一年任駐英全權公使。一九一四年十二月八日抵達倫敦任所。一九一九年一月任出席巴黎和會中國政府全權代表。同年八月二十一日三女瑛珍生於倫敦。

一九二一年　調任駐美全權公使，二月二十二日抵華盛頓任所。（**在任八**

年。其中返國一行，住約一年，署理外交總長四個月。又赴土耳其加拿大一行。）

一九二一年　十一月至次年二月，特任出席華盛頓會議中國代表團首席代表。會議經過，詳見韋羅璧教授（**Prof. W. W. Willoughby**）所著China at the confelwlce-A Report 一書。（**The Johns Hopkins press,1922**）

一九二三年　一月張紹曾內閣邀任外交總長，一月署理，四月辭職，回駐美公使原任。

一九二四年　特任出席日內瓦國際禁煙會議第一次及第二次會議中國全權代表。會議經過，詳見韋羅璧教授所著Opium as an International Problem The Geneva Conferences（**The Johns Hopkins press,1925**）

一書。是年二月三日四女嘉珍生於華盛頓。

一九二六年 赴土耳其，訪問土總統。

一九二九年 調任駐英全權公使，在任三年。

一九三〇年 特任出席國際聯盟中國全權代表，旋任出席該會理事會中國全權代表。

一九三二年 調任駐美全權公使。一九三五年使館升格，政府特任為駐美全權大使。

一九三七年 五月辭任返國，六月初到滬。

一九三七年至一九四〇年隱居上海。中日戰起，任國際救濟會宣傳組主任。創辦上海防癆協會及附設醫院，任董事長。

一九四一年　六月赴美，任中國物資供應委員會副主任委員。是年六月十二日美總統羅斯福聘為「美國南非洲國際和平五人委員會」非漢籍委員，代表美國。該委員會依據一九四〇年所訂條約處理將來兩國間可能發生之任何爭執案件。

一九四五年　六月聯合國在金山舉行國際組織會議，通過聯合國憲章，任中國代表團高等顧問。

一九四八年至一九五〇年任國際復興開發銀行顧問委員會委員。

一九五四年　秋患腦溢血症，肢臂麻痺半載，後雖逐漸康復，行動如常，但精神從此大不如前，記憶力亦漸趨衰弱矣。

（按：施肇基（植之）先生於一九五八年一月四日逝世於美國。）

附錄四

施肇基大事年表（補述）

蔡登山 輯

一八七七年	四月十日（清光緒三年二月二十七日），出生於江蘇吳江震澤鎮之純孝里。
一八八六年	入南京妙香庵江寧府立同文館學習英文。
一八八七年	入上海聖約翰書院學習。
一八九〇年	在上海入胡維賢先生主辦的國文學院專習漢文。
一八九三年	隨出使美國、西班牙、秘魯三國公使楊儒赴美，任駐美使館翻譯學生。八月抵華盛頓任所。公餘在華盛頓市立中心中學（Central High School）讀書。

一八九七年	伍廷芳繼任出使美國、西班牙、秘魯三國公使，留任為隨員。是年夏，畢業於市立中心中學，辭使館隨員，赴康乃爾大學（Cornell University）就學。
一八九九年	秋，出使俄國大臣楊儒奏調為駐俄使館隨員，並派赴海牙，出席「彌兵會議」任中國代表團參贊官。
一九〇〇年	秋，回康乃爾大學續學。
一九〇一年	在康乃爾大學畢業，獲文學士學位。
一九〇二年	在康乃爾大學獲文學碩士學位。同年回國，任湖北撫署洋務文案，兼西北路中學堂監督，湖北省留美學生監督。是年冬，率領第一批湖北省公費學生赴美。
一九〇三年	陪同精琪教授（Prof. J. W. Jenks）回國考察幣制實況。是年冬，率領第二批湖北籍公費生赴美。
一九〇四年	任湖廣督署洋務文案兼銅元局董事等七差。經辦鮎魚套釐金案。
一九〇五年	隨端方、戴鴻慈「憲政考察團」赴歐美考察憲政。回國得「異常保舉」，在軍機處以道員存記，盡先補用。十月一日，與唐紹儀姪女（唐杰臣長女）唐鈺華在上海結婚。

一九〇六年	署郵傳部右參政，兼京漢鐵路局總辦，九月獲賜最優等法政科進士。一九〇七年，調任京奉之路局會辦。
一九〇八年	受徐世昌、唐紹儀舉薦，派署吉林西北路兵備道，兼濱江關監督，加參領銜，兼吉林木殖局總辦，任內處理伊藤博文被刺案與東北鼠疫案。
一九一〇年	升任吉林交涉使，旋調任外務部右丞。
一九一一年	轉外務部左丞，旋簡放出使美、墨、秘、古四國大臣，因辛亥革命爆發未赴任。
一九一二年	（民國元年）三月，唐紹儀組閣，特任為交通總長，兼代財政總長。旋因病辭職。病癒後任總統府大禮官。
一九一四年	任駐英全權公使，十二月八日抵達倫敦任所。
一九一九年	一月十八日，巴黎和會召開。中國組成以外交總長陸徵祥為團長之代表團出席和會，施肇基是五名代表之一。
一九二一年	二月，調任駐美全權公使。十一月至次年二月，特任出席華盛頓會議中國代表團首席代表，顧維鈞、王寵惠為全權代表。十一月十六日施肇基提出十項原則宣言。在此基礎上，各國政府簽署了《九國公約》。

一九二二年	一月二十七日，中日達成《中日解決山東懸案條約及附約》。二月四日施肇基代表簽字。
一九二三年	一月，張紹曾內閣邀任署理外交總長，四月辭職，回駐美公使原任。
一九二四年	奉命出席日內瓦國際禁煙會議，任全權代表。
一九二五年	被委任為北京關稅特別會議全權代表之一。後半年赴土耳其，訪問土國總統。奉派為中國駐秘魯全權公使。
一九二六年	被顏惠慶內閣任命為外交總長，但沒有回國任職。
一九二八年	十一月，調任駐英全權公使，在任三年。
一九三〇年	特任出席國際聯盟中國全權代表，旋任出席該會理事會中國全權代表。
一九三三年	調任駐美全權公使。
一九三五年	六月，使館升格，特命駐美全權大使，成為中國第一任駐美大使。
一九三六年	八月，以年老體衰辭任返國。

一九三七年至一九四〇年	隱居上海。中日戰起，任國際救濟會宣傳組主任。創辦上海防癆及協會附設醫院，任董事長。
一九四一年	六月，赴美。太平洋戰爭爆發後，任中國物資供應委員會副主任委員。為美國總統羅斯福聘為「美國、南非洲國際和平五人委員會」非美籍委員，代表美國。該委員會依據一九四〇年所訂條約處理將來兩國間可能發生之任何爭執案件。
一九四五年	六月，聯合各國在舊金山舉行國際組織會議，通過聯合國憲章，任中國代表團高等顧問。
一九四八年至一九五〇年	任國際復興開發銀行顧問委員會委員。
一九五四年	秋，患腦溢血症。
一九五八年	一月四日，病逝於美國華盛頓。

（本年表之編成參考蘇州大學劉永青的碩士論文《施肇基與民國外交（一九一二—一九三七）》及石建國〈施肇基：中國首任駐美大使〉一文，特此致謝）

血歷史176　PC0867

新銳文創
INDEPENDENT & UNIQUE

民國首任駐美大使
——施肇基早年回憶錄

原　　著　施肇基
主　　編　蔡登山
責任編輯　石書豪
圖文排版　林宛榆
封面設計　劉肇昇

出版策劃　新銳文創
發 行 人　宋政坤
法律顧問　毛國樑　律師
製作發行　秀威資訊科技股份有限公司
114 台北市內湖區瑞光路76巷65號1樓
電話：+886-2-2796-3638　傳真：+886-2-2796-1377
服務信箱：service@showwe.com.tw
http://www.showwe.com.tw
郵政劃撥　19563868　戶名：秀威資訊科技股份有限公司
展售門市　國家書店【松江門市】
104 台北市中山區松江路209號1樓
電話：+886-2-2518-0207　傳真：+886-2-2518-0778
網路訂購　秀威網路書店：https://store.showwe.tw
國家網路書店：https://www.govbooks.com.tw

出版日期　2020年2月　BOD一版
定　　價　240元

Printed in Taiwan

國家圖書館出版品預行編目

民國首任駐美大使：施肇基早年回憶錄 / 施肇基原著；蔡登山主編. -- 一版. -- 臺北市：新銳文創, 2020.02

面； 公分. -- (血歷史；176)

BOD版

ISBN 978-957-8924-83-3 (平裝)

1. 施肇基 2.外交人員 3.傳記

782.887 108023174

讀者回函卡

感謝您購買本書，為提升服務品質，請填妥以下資料，將讀者回函卡直接寄回或傳真本公司，收到您的寶貴意見後，我們會收藏記錄及檢討，謝謝！

如您需要了解本公司最新出版書目、購書優惠或企劃活動，歡迎您上網查詢或下載相關資料：http:// www.showwe.com.tw

您購買的書名：______________________________

出生日期：________年________月________日

學歷：□高中（含）以下　□大專　□研究所（含）以上

職業：□製造業　□金融業　□資訊業　□軍警　□傳播業　□自由業
□服務業　□公務員　□教職　□學生　□家管　□其它_____

購書地點：□網路書店　□實體書店　□書展　□郵購　□贈閱　□其他

您從何得知本書的消息？

□網路書店　□實體書店　□網路搜尋　□電子報　□書訊　□雜誌
□傳播媒體　□親友推薦　□網站推薦　□部落格　□其他__________

您對本書的評價：（請填代號　1.非常滿意　2.滿意　3.尚可　4.再改進）

封面設計____　版面編排____　內容____　文／譯筆____　價格____

讀完書後您覺得：

□很有收穫　□有收穫　□收穫不多　□沒收穫

對我們的建議：______________________________

____

____

____

請貼
郵票

11466
台北市内湖區瑞光路 76 巷 65 號 1 樓
秀威資訊科技股份有限公司 收
BOD 數位出版事業部

....

（請沿線對折寄回，謝謝！）

姓　名：＿＿＿＿＿＿＿＿　年齡：＿＿＿＿　性別：□女　□男

郵遞區號：□□□□□

地　址：＿＿＿＿＿＿＿＿＿＿＿＿＿＿＿＿

聯絡電話：（日）＿＿＿＿＿＿＿＿（夜）＿＿＿＿＿＿＿＿

E-mail：＿＿＿＿＿＿＿＿＿＿＿＿＿＿＿＿